plus belle la vie

Le livre d'or

Isabelle Morini-Bosc
en collaboration avec Rémi Castillo

À la mémoire de Patrick Péchoux.

BAR du MISTRAL

De Mistral gagnant à Plus belle la vie
la naissance de la série

*

Les coulisses

*

Les acteurs

« Monsieur, pouvez-vous me conduire dans le quartier du Mistral ? Je suis venu de Belgique pour ça ! » Aussi résigné qu'un batelier constatant une énième voie d'eau dans son rafiot, le chauffeur de taxi explique à son passager que « oui », il veut bien le conduire où il veut mais que « non », le quartier du Mistral n'existe pas à Marseille. Pas plus que le *Select Hôtel* – hauts lieux, en fait, de *Plus belle la vie*, le feuilleton qui ravit chaque soir à 20 h 20 sur France 3 près de six millions de téléspectateurs. Des téléspectateurs désireux de « claquer la bise » aux habitués du *Bar du Mistral*. Et tout ça ne serait qu'un décor ? Ils l'ont lu, certes, mais l'admettent mal. Un leurre, ces bâtiments de plus de douze mètres de haut ? Oui, et même le plus ambitieux que la télé ait construit depuis trente ans. Ambitieux comme le feuilleton lui-même, car il n'y a rien de plus difficile à raconter que la simple histoire d'un quartier qui est tout sauf sans histoires. Et si notre chauffeur de taxi sait expliquer à son client que *Plus belle la vie* fait vivre cent trente personnes et que la série est un succès, il ignore lui-même qu'il n'en a pas toujours été ainsi, que les débuts ont été presque aussi difficiles qu'une tentative de vider le port de Marseille à la fourchette. Avec, à l'époque, une chaîne qui, en amont, collectionne les obstacles comme d'autres les cochons en faïence : d'abord, en décidant de lancer en région un vrai feuilleton quotidien conçu pourdurer des années ; ensuite, en l'exposant à l'horaire le plus difficile, face aux journaux télévisés. À 20 h 20. Là où, autrefois, il y avait *La Classe*, une émission avec de l'humour, la chaîne veut une émission avec, en plus, de l'humeur. Telfrance Série, qui l'emporte alors devant une centaine de projets, se lance avec la foi qui sauve. Enfin, qui sauve, faut voir… Car les soucis ne font que commencer : près de deux mille mètres carrés de décor à construire en dur en six mois à peine ; cent trente personnes à recruter, dont vingt-cinq comédiens récurrents encadrés par un directeur d'acteurs ; un pool de vingt auteurs à constituer ; bref, toute une entreprise, qui connaît d'abord sacrément la crise en attirant à peine un million et demi de téléspectateurs. « Moins, il n'y avait que la mire », se souvient avec humour Hubert Besson, le producteur courageux. À la réunion-bilan à la fin de la première semaine, il faut un gros moral au départ pour en garder un petit à la fin… « Ça nous a tous soudés », constatent la production et la chaîne. Tous baissent la tête… sur le travail. Le public ne tarde pas à relever la sienne pour regarder. Entre le 31 août 2004 et le 31 août 2007, cinq millions de téléspectateurs s'ajoutent aux fidèles de la première heure. Comment est-on justement passé d'un million et demi de curieux à six millions de fanas ? C'est cette aventure que nous raconte l'équipe. »

BAR du MISTRAL
Sandwiches
à toute heure

De Mistral Gagnant à Plus belle la vie

La naissance de la série

C'est sûr, c'est culotté d'appeler à l'origine *Mistral Gagnant* un feuilleton pour qui ça n'est franchement pas gagné… Les plus pessimistes prédisent à cette quotidienne une carrière très courte pour cause de dépressions multiples : celle des auteurs du projet, celle des audiences. Et c'est vrai qu'il faut une sacrée dose d'audace pour tout oser, comme le font en 2004 Vincent Meslet et Perrine Fontaine, les patrons du projet à France 3. L'idée d'un feuilleton leur trotte dans la tête pour ce carrefour d'audience stratégique. Vincent Meslet y croit même tellement qu'il est prêt à aller de l'avant ans assurer ses arrières. Pourquoi cela ne marcherait-il pas en France puisque les Britanniques se passionnent depuis quarante ans pour leur fiction *Coronation Street*, que les Allemands ont depuis sept ans leurs héros du soir-espoir et que les Italiens dînent avec les leurs depuis cinq ans ? Certes, tout cela est vrai… mais le résultat est chez nous incertain pour un coût, hélas, lui, trop certain ! La conviction de Vincent Meslet emporte tout, et l'appel d'offres est lancé, avec deux consignes aussi incontournables qu'un rond-point : l'action doit se dérouler en province (France 3, chaîne des régions) et la richesse de la diversité française doit être soulignée – toutes ses tranches d'âge, tous ses milieux socioprofessionnels, tous ses profils de population. Et quelle ville incarne mieux que Marseille cette exigence tout-terrain ? Marseille, d'où les hommes et les bateaux sont de tout temps partis pour mieux revenir. Marseille, à qui la chaîne doit penser trop fort, car la quasi-totalité des dizaines de projets reçus ont pour épicentre la cité phocéenne… Telfrance l'emporte finalement avec panache, consciente que cette mission est vraiment impossible. D'abord et surtout parce qu'il faut construire un décor comme on n'en a plus fait à la télé française depuis trente ans, un cadre en harmonie avec le paysage urbain environnant et conçu pour durer aussi longtemps que le feuilleton… c'est-à-dire indéfiniment ! C'est justement un autre fou de défis qui rend le projet possible : Michel Blaise, le Rodin du faux-vrai ou du vrai-faux, à la fois architecte, ingénieur, bricoleur, chineur, artisan-compagnon et, par-dessus tout, Géo Trouvetou. C'est lui qui a, par exemple, l'idée de la pierre de lave pour remplacer le goudron. Reste à démarcher un directeur artistique, Toma de Mattei, et un directeur d'acteurs : ce sera Richard Guedj, collaborateur de Marcel Maréchal. Il n'a jamais travaillé sur un feuilleton populaire, qui plus est à durée indéterminée : pour certains, Richard Guedj chargé d'un « produit populaire », c'est comme si Paul Claudel écrivait les dialogues de *La croisière s'amuse* ou Marguerite Duras ceux de *Oui-Oui à l'école*. Or, il sait tout de suite fédérer la troupe des comédiens, chouchoutée par une équipe de cent trente personnes au total. Une équipe qui apprend chaque soir les textes d'une vingtaine d'auteurs placés sous la direction d'Olivier Szulzynger. Et un Olivier dans le Midi… c'est bon signe.

BAR du MISTRAL
Sandwiches
à toute heure
Plat du Jour
Daube

La bible et les premiers scénarios

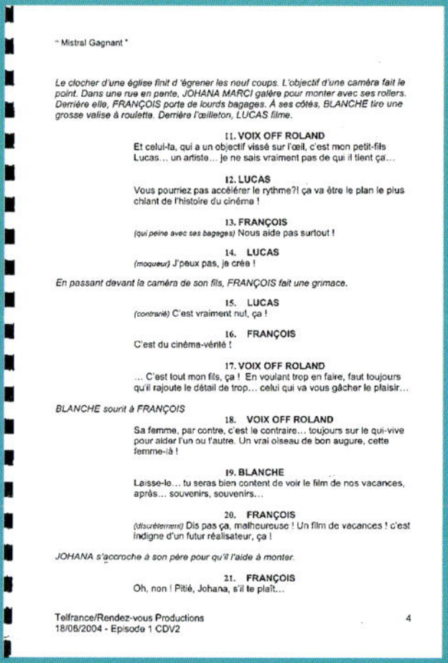
" Mistral Gagnant "

Le clocher d'une église finit d 'égrener les neuf coups. L'objectif d'une caméra fait le point. Dans une rue en pente, JOHANA MARCI galère pour monter avec ses rollers. Derrière elle, FRANÇOIS porte de lourds bagages. À ses côtés, BLANCHE tire une grosse valise à roulette. Derrière l'œilleton, LUCAS filme.

11. VOIX OFF ROLAND
Et celui-la, qui a un objectif vissé sur l'œil, c'est mon petit-fils Lucas… un artiste… je ne sais vraiment pas de qui il tient ça…

12. LUCAS
Vous pourriez pas accélérer le rythme?! ça va être le plan le plus chiant de l'histoire du cinéma !

13. FRANÇOIS
(qui peine avec ses bagages) Nous aide pas surtout !

14. LUCAS
(moqueur) J'peux pas, je crée !

En passant devant la caméra de son fils, FRANÇOIS fait une grimace.

15. LUCAS
(contrarié) C'est vraiment nul, ça !

16. FRANÇOIS
C'est du cinéma-vérité !

17. VOIX OFF ROLAND
… C'est tout mon fils, ça ! En voulant trop en faire, faut toujours qu'il rajoute le détail de trop… celui qui va vous gâcher le plaisir…

BLANCHE sourit à FRANÇOIS

18. VOIX OFF ROLAND
Sa femme, par contre, c'est le contraire… toujours sur le qui-vive pour aider l'un ou l'autre. Un vrai oiseau de bon augure, cette femme-là !

19. BLANCHE
Laisse-le… tu seras bien content de voir le film de nos vacances, après… souvenirs, souvenirs…

20. FRANÇOIS
(discrètement) Dis pas ça, malheureuse ! Un film de vacances ! c'est indigne d'un futur réalisateur, ça !

JOHANA s'accroche à son père pour qu'il l'aide à monter.

21. FRANÇOIS
Oh, non ! Pitié, Johana, s'il te plaît…

Telfrance/Rendez-vous Productions
18/06/2004 - Episode 1 CDV2 4

Le 30 août 2004, c'est le retour des vacances, au Mistral comme ailleurs. Les Marseillais troquent la serviette de plage pour celle du bureau, et le feuilleton adopte déjà ce qui sera l'une de ses forces : des événements qui coïncident avec l'actualité du jour de leur diffusion sur France 3. Même quand ils sont écrits trois mois avant le tournage. En mai 2007, l'élection de Nicolas Sarkozy est ainsi annoncée presque en même temps aux Français et dans le feuilleton. Prémonition ? Plus simple : deux séquences ont été tournées, l'une avec Nicolas Sarkozy, l'autre avec Ségolène Royal. Suffit de ne pas se tromper !

Les Marci

Ninon Vincent

« Quand vient la fin de l'été », chante Laurent Voulzy. Fin août 2004, c'est bien la fin de l'été pour la famille Marci, qui revient du Canada. François et Blanche sont des parents-poules pour Lucas l'idéaliste et pour Johanna l'adolescente rebelle. Celle-ci est inscrite en sport-études et ses parents veulent lui éviter le banc de touche.

Rien n'est simple et tout va vite se compliquer ce 30 août entre le beau Vincent « œil bleu fond de piscine », décidé à vivre à Marseille, et sa fille Ninon. Elle revient d'Afrique et, pour elle, la ville est une chouette zone de transit avant de retrouver Paris. Apprendre qu'ils vont vivre dans le quartier du Mistral l'exaspère. Elle ne veut être ni une fille accomplie ni une fille mise devant le fait accompli !

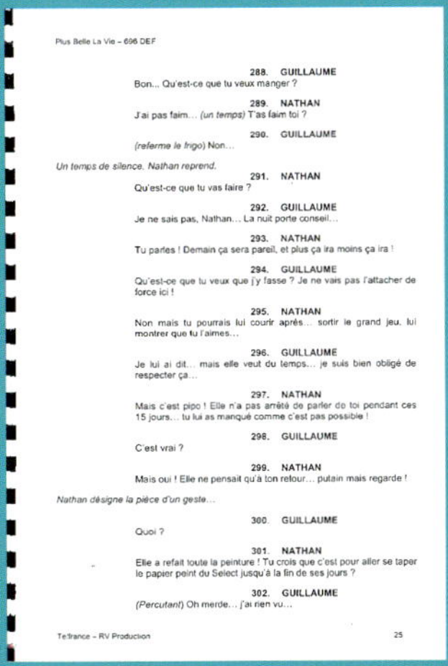

Plus Belle La Vie – 696 DEF

288. **GUILLAUME**
Bon... Qu'est-ce que tu veux manger ?

289. **NATHAN**
J'ai pas faim… *(un temps)* T'as faim toi ?

290. **GUILLAUME**
(referme le frigo) Non…

Un temps de silence. Nathan reprend.

291. **NATHAN**
Qu'est-ce que tu vas faire ?

292. **GUILLAUME**
Je ne sais pas, Nathan… La nuit porte conseil…

293. **NATHAN**
Tu parles ! Demain ça sera pareil, et plus ça ira moins ça ira !

294. **GUILLAUME**
Qu'est-ce que tu veux que j'y fasse ? Je ne vais pas l'attacher de force ici !

295. **NATHAN**
Non mais tu pourrais lui courir après… sortir le grand jeu, lui montrer que tu l'aimes…

296. **GUILLAUME**
Je lui ai dit… mais elle veut du temps… je suis bien obligé de respecter ça…

297. **NATHAN**
Mais c'est pipo ! Elle n'a pas arrêté de parler de toi pendant ces 15 jours… tu lui as manqué comme c'est pas possible !

298. **GUILLAUME**
C'est vrai ?

299. **NATHAN**
Mais oui ! Elle ne pensait qu'à ton retour… putain mais regarde !

Nathan désigne la pièce d'un geste…

300. **GUILLAUME**
Quoi ?

301. **NATHAN**
Elle a refait toute la peinture ! Tu crois que c'est pour aller se taper le papier peint du Select jusqu'à la fin de ses jours ?

302. **GUILLAUME**
(Percutant) Oh merde… j'ai rien vu…

Telfrance – RV Production 25

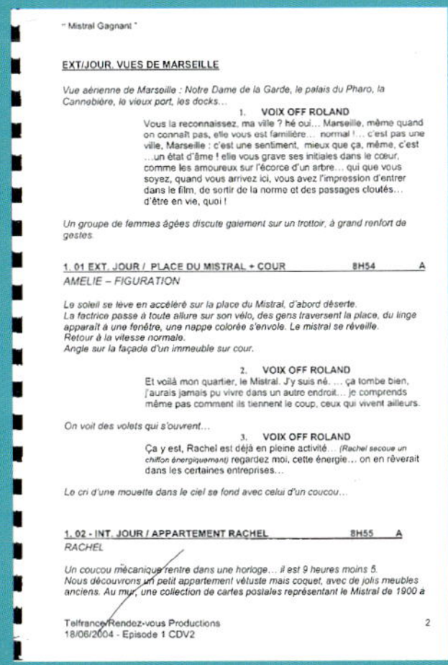

" Mistral Gagnant "

EXT/JOUR. VUES DE MARSEILLE

Vue aérienne de Marseille : Notre Dame de la Garde, le palais du Pharo, la Cannebière, le vieux port, les docks…

1. **VOIX OFF ROLAND**
Vous la reconnaissez, ma ville ? hé oui… Marseille, même quand on connaît pas, elle vous est familière… normal !… c'est pas une ville, Marseille : c'est une sentiment, mieux que ça, même, c'est …un état d'âme ! elle vous grave ses initiales dans le cœur, comme les amoureux sur l'écorce d'un arbre… qui que vous soyez, quand vous arrivez ici, vous avez l'impression d'entrer dans le film, de sortir de la norme et des passages cloutés… d'être en vie, quoi !

Un groupe de femmes âgées discute gaiement sur un trottoir, à grand renfort de gestes.

1. 01 EXT. JOUR / PLACE DU MISTRAL + COUR 8H54 A
AMELIE – FIGURATION

Le soleil se lève en accéléré sur la place du Mistral, d'abord déserte.
La factrice passe à toute allure sur son vélo, des gens traversent la place, du linge apparaît à une fenêtre, une nappe colorée s'envole. Le mistral se réveille.
Retour à la vitesse normale.
Angle sur la façade d'un immeuble sur cour.

2. **VOIX OFF ROLAND**
Et voilà mon quartier, le Mistral. J'y suis né. … ça tombe bien, j'aurais jamais pu vivre dans un autre endroit… je comprends même pas comment ils tiennent le coup, ceux qui vivent ailleurs.

On voit des volets qui s'ouvrent…

3. **VOIX OFF ROLAND**
Ça y est, Rachel est déjà en pleine activité… *(Rachel secoue un chiffon énergiquement)* regardez moi, cette énergie… on en rêverait dans les certaines entreprises…

Le cri d'une mouette dans le ciel se fond avec celui d'un coucou…

1. 02 - INT. JOUR / APPARTEMENT RACHEL 8H55 A
RACHEL

Un coucou mécanique rentre dans une horloge… il est 9 heures moins 5.
Nous découvrons un petit appartement vétuste mais coquet, avec de jolis meubles anciens. Au mur, une collection de cartes postales représentant le Mistral de 1900 à

Telfrance/Rendez-vous Productions 2
18/06/2004 - Episode 1 CDV2

Charlotte

Guillaume et Nathan

Romand etMirta

Jamais piquée au vif, Charlotte, la styliste, tire l'aiguille. Guillaume le Bordelais, qui se veut Guillaume le Conquérant, s'est découvert un enfant qu'il assume d'abord mal : Nathan, fils d'une maîtresse disparue en montagne. A priori !

Roland, c'est l'âme du quartier du Mistral dont son bar est le cœur – et personne ne trouve fort de café qu'il soit au courant de tout. Philosophe et taquin, il est aussi l'amant de Mirta, la patronne du *Select Hôtel*, dont il protège la fille Luna. Il est la force tranquille.

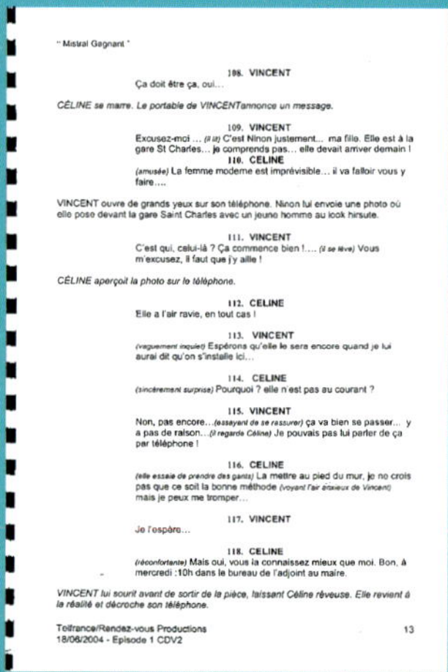

" Mistral Gagnant "

108. VINCENT
Ça doit être ça, oui…

CÉLINE se marre. Le portable de VINCENTannonce un message.

109. VINCENT
Excusez-moi … *(il lit)* C'est Ninon justement… ma fille. Elle est à la gare St Charles… je comprends pas… elle devait arriver demain !

110. CELINE
(amusée) La femme moderne est imprévisible… il va falloir vous y faire….

VINCENT ouvre de grands yeux sur son téléphone. Ninon lui envoie une photo où elle pose devant la gare Saint Charles avec un jeune homme au look hirsute.

111. VINCENT
C'est qui, celui-là ? Ça commence bien !…. *(il se lève)* Vous m'excusez, il faut que j'y aille !

CÉLINE aperçoit la photo sur le téléphone.

112. CELINE
Elle a l'air ravie, en tout cas !

113. VINCENT
(vaguement inquiet) Espérons qu'elle le sera encore quand je lui aurai dit qu'on s'installe ici…

114. CELINE
(sincèrement surprise) Pourquoi ? elle n'est pas au courant ?

115. VINCENT
Non, pas encore…*(essayant de se rassurer)* ça va bien se passer… y a pas de raison…*(il regarde Céline)* Je pouvais pas lui parler de ça par téléphone !

116. CELINE
(elle essaie de prendre des gants) La mettre au pied du mur, je ne crois pas que ce soit la bonne méthode *(voyant l'air anxieux de Vincent)* mais je peux me tromper…

117. VINCENT
Je l'espère…

118. CELINE
(réconfortante) Mais oui, vous la connaissez mieux que moi. Bon, à mercredi :10h dans le bureau de l'adjoint au maire.

VINCENT lui sourit avant de sortir de la pièce, laissant Céline rêveuse. Elle revient à la réalité et décroche son téléphone.

Telfrance/Rendez-vous Productions
18/06/2004 - Episode 1 CDV2
13

Céline

Frémont et Malik

Léo

Dès les premiers épisodes, on découvre les personnalités d'un quartier où, mistral oblige, soufflent souvent des avis de tempête. Surtout quand l'équipe muscle les scénarios pour répondre au besoin de romanesque des téléspectateurs… On découvre ainsi Céline Frémont, jeune femme plus instable que certaines solutions chimiques.

Elle est la fille de Charles Frémont, qui l'aime sans la ménager. Ex-enfant pauvre du Mistral, il est devenu un avocat vénal et véreux qui veut faire main basse sur le quartier en réhabilitant ses habitations. C'est le JR de la Canebière, comme le constate rapidement Malik, qui travaille pour lui sans être corrompu. Ambitieux mais honnête, Malik a financé ses études d'avocat en bossant au *Bar du Mistral* – des études payées en liquide, en somme.

On découvre aussi l'ennemi juré de Frémont : le flic Léo Castelli, un écorché vif dont la vie est marquée par les drames.

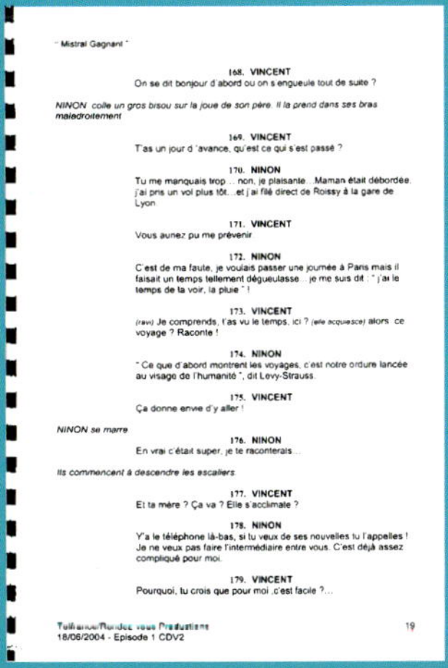

" Mistral Gagnant "

168. VINCENT
On se dit bonjour d'abord ou on s'engueule tout de suite ?

NINON colle un gros bisou sur la joue de son père. Il la prend dans ses bras maladroitement

169. VINCENT
T'as un jour d 'avance, qu'est ce qui s'est passé ?

170. NINON
Tu me manquais trop… non, je plaisante… Maman était débordée, j'ai pris un vol plus tôt…et j'ai filé direct de Roissy à la gare de Lyon

171. VINCENT
Vous auriez pu me prévenir

172. NINON
C'est de ma faute, je voulais passer une journée à Paris mais il faisait un temps tellement dégueulasse… je me suis dit : " j'ai le temps de la voir, la pluie " !

173. VINCENT
(ravi) Je comprends, t'as vu le temps, ici ? *(elle acquiesce)* alors ce voyage ? Raconte !

174. NINON
" Ce que d'abord montrent les voyages, c'est notre ordure lancée au visage de l'humanité ", dit Levy-Strauss.

175. VINCENT
Ça donne envie d'y aller !

NINON se marre.

176. NINON
En vrai c'était super, je te raconterais…

Ils commencent à descendre les escaliers.

177. VINCENT
Et ta mère ? Ça va ? Elle s'acclimate ?

178. NINON
Y'a le téléphone là-bas, si tu veux de ses nouvelles tu l'appelles ! Je ne veux pas faire l'intermédiaire entre vous. C'est déjà assez compliqué pour moi.

179. VINCENT
Pourquoi, tu crois que pour moi ,c'est facile ?…

Telfrance/Rendez vous Productions 19
18/06/2004 - Episode 1 CDV2

Juliette

Rudy et Luna

Rachel et Mélanie

Quant à Juliette Frémont, l'impulsive, elle s'oppose elle aussi à son père, qu'elle aime pourtant.

Elle soutient par ailleurs Rudy, le tombeur du Mistral, qui aimerait, lui, tomber sur une mère responsable alors que la sienne – Luna – joue les courants d'air.

Tous ces psychodrames ont un témoin : Rachel, une vieille dame pas si indigne que ça. Menacée d'expulsion au premier épisode, elle discute avec tous, notamment avec Mélanie, une serveuse de bar aussi fraîche que ses boissons.

Les premiers castings

Qui sera Roland, le patron de bar qui n'est pas de la petite bière ? Et Rachel, l'ex-coco toujours coquette ? Ou encore l'odieux Frémont, qui ne fait pas de quartier pour tuer celui du Mistral ? La consigne de la Trois est claire ; il faut des visages neufs. C'est le début d'un casting-marathon de quatre mois avec les producteurs, dont Michelle Podroznik. Semaine après semaine, ils auditionnent des centaines de comédiens. Quatre premiers rôles seront finalement assurés par des Marseillais. Qui, comme les autres, ne savent pas encore, durant les auditions, qu'ils devront apprendre quatorze feuillets par jour… Comme dit le futur directeur d'acteurs, Richard Guedj : « Là, la santé importe autant que le talent ! »

dy

ınche

Ambroise Michel est ***Rudy***. C'est une amie, la comédienne France Zobda, qui m'a parlé du casting. J'ai passé en juin 2004 un premier essai (pour un tournage début juillet, vous imaginez !), puis un deuxième très sympa, avec Ninon et Lucas. Quand ils m'ont rappelé pour le troisième (sur le plateau des *Maternelles* de France 5), je n'y croyais plus trop. J'avais tort. J'ai bien sûr été content d'être pris, mais aussi inquiet de quitter Paris et mon cocon !

Cécilia Hornus est ***Blanche.*** Mon agent m'a parlé du casting en mai 2004. Bien que travaillant surtout pour le théâtre, je me suis dit : « Pourquoi pas ? » Autant j'étais décontractée pour le premier essai, autant j'ai eu le trac pour le deuxième, « en situation », maquillée et costumée. L'enjeu se précisait ! Quand les producteurs, Hubert Besson et Michelle Podroznik, m'ont donné leur accord, il a fallu attendre celui de la chaîne – et là, j'ai été si angoissée que j'ai cru être atteinte d'une maladie !

Dounia Coesens est ***Johanna***. Quand j'ai passé le casting, c'était en fait pour le rôle de Ninon. Mais quand ils m'ont vue, ils ont tout de suite dit : « Mais c'est Johanna ! » C'est vrai que j'avais 15 ans, alors que Ninon doit en avoir 17 ou 18. J'ai alors passé un autre essai, cette fois pour être Johanna. J'étais curieusement la seule candidate confrontée à trois frères possibles !

Sofiane Belmouden est ***Malik***. J'ai été contacté par Marie-Christine Lafosse, qui m'avait déjà « casté » deux ans auparavant pour un film se déroulant dans la région. J'ai moi aussi passé deux essais avant d'avoir une réponse positive trois semaines plus tard, mais je savais peu de chose sur le projet – seulement que c'était une série, mais rien sur le thème, les acteurs et surtout les conditions de tournage.

Ninon

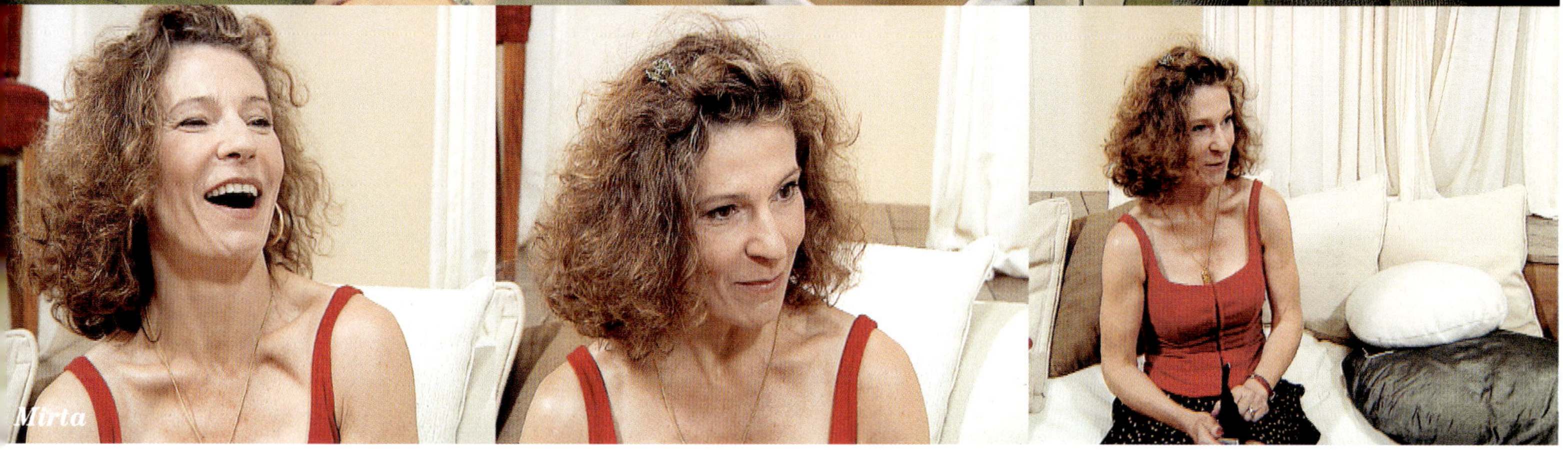

Mirta

Aurélie Vaneck est ***Ninon***. La production, qui galérait pour trouver Ninon, était la même que celle d'un film sur lequel je travaillais. Du coup, j'ai été castée. Au premier essai, ils m'ont demandé si j'étais prête à vivre un an à Marseille ; au deuxième, nous étions cinq trios de Ninon-Rudy-Lucas, puis trois au troisième essai. La production me voulait, mais la chaîne avait en tête une autre image de Ninon. Quand on m'a prévenue par SMS que j'avais le rôle, j'en ai pleuré.

Sylvie Flepp est ***Mirta***. Bien que je sois émotive au point de perdre mes moyens durant les auditions, j'étais curieusement décontractée pour le casting, ayant déjà l'assurance d'un projet qui finalement ne s'est pas fait. Bien m'en a pris ! Or, j'ai appris juste après l'audition que ce projet était reporté, puis quelques heures plus tard que j'avais le rôle de Mirta, la maîtresse de Roland… avec qui j'ai passé les essais. J'étais ravie, je trouvais le rôle très bien écrit.

Colette Renard est ***Rachel***. Moi, je suis allée à Marseille avec un bandeau sur les yeux. Je ne connaissais ni la productrice, Michelle Podroznik, ni le projet, j'étais en plein chagrin affectif (la mort de mon mari) et j'avais dit à mon agent : « Si je ne fais rien, je vais mourir de chagrin. » Résultat, j'ai été lamentable, je suis rentrée, j'ai sangloté et j'ai dit à mon agent : « C'est foutu. » « C'est tellement foutu qu'ils te veulent. » On a fêté ça au champagne et j'ai fait ma valise pour Marseille.

Michel Cordes est ***Roland***. Vivant à Marseille, j'avais été prévenu qu'un gros coup se préparait sans trop écouter : il y a tellement de rêveurs dans ce métier… Plusieurs Roland avaient déjà été testés. J'ai passé à Marseille le casting orchestré par Paris et il paraît que, dès qu'ils m'ont vu, ils ont su que c'était moi. C'était même si évident pour eux qu'ils ont oublié de prévenir mon agent ! C'est lui qui a dû les recontacter !

Vincent

Céline

Serge Dupire est ***Vincent***. J'ai passé le casting à Boulogne, à la demande de la productrice, Michelle Podroznik, avec qui j'avais déjà travaillé. Les castings, ça fait trente ans que j'en passe. Ils m'ont dit que ce serait un *soap* ; or j'en avais déjà fait à l'étranger, au Canada. Puis ils ont ajouté que ce serait en face des journaux télévisés, et j'ai bondi : « Vous êtes cinglés ! » En fait, c'est leur culot qui m'a donné envie d'y aller.

Rebecca Hampton est ***Céline***. Quand mon agent m'a appelée, je travaillais dans l'émission *Y'a que la vérité qui compte*. Il m'a dit : « Il y a un OVNI qui se prépare à Marseille, on ne sait pas ce que ça va donner, j'ai répondu que ça ne t'intéressait pas mais si tu veux, fais-le. » Bien sûr que je voulais ! J'ai passé le casting à la fois pour Charlotte et Céline. Mais je voulais Céline et j'ai eu Céline !

Hélène Médigue est ***Charlotte.*** Mon agent avait refusé le casting parce que je suis mère de famille et qu'il m'était impossible d'aller à Marseille. Mais en rencontrant Michelle Podroznik au cours d'une soirée marseillaise où j'accompagnais mon mari, j'ai finalement accepté un essai. J'ai su aussitôt que je devais le faire, alors que j'étais en négociations avec Canal+ pour un autre feuilleton, *Le Train*. Pas simple d'expliquer à mon mari que j'allais diviser mon salaire par quatre et passer mon année dans le TGV !

Laetitia Milot est ***Mélanie***. Jusqu'au casting de *Plus belle la vie*, j'avais plutôt toujours été saquée à cause de mon accent ! Mes profs de théâtre exigeaient que je récite sans accent. Là, il a enfin été un atout, mais il ne m'a pas dispensée de passer des essais. L'autre atout, c'est que j'avais déjà un peu travaillé avec la directrice du casting, Randi Sarron, qui m'avait confié quelques petits rôles.

Thibaud Vaneck est ***Nathan***. Cela faisait déjà neuf mois que le feuilleton existait quand je suis arrivé. En fait, j'étais allé voir ma sœur Aurélie, qui m'a prévenu qu'ils cherchaient un jeune acteur pour jouer un ado rebelle. J'avais 19ans, je faisais le conservatoire de Bordeaux, ça m'a amusé de tenter l'aventure. Ça a été rapide : j'ai passé un essai le lundi pour tourner le lundi suivant.

Pierre Martot est ***Léo***. Les autres personnages étaient déjà créés quand la productrice, Michelle Podroznik, a eu l'idée du flic Léo pour « romancer » la vie du quartier. J'avais déjà travaillé avec elle et, en juin 2004, alors que je conduisais mon fils à la gare, j'ai rencontré sa fille qui, voyant que j'étais libre, a parlé de moi à sa mère. J'ai passé un essai avec Roland, et me voilà !

Un lieu d'inspiration le quartier du Panier

Quand c'est fini, ça commence… Battre au poteau cent vingt projets, c'était bien, créer très vite un décor de rêve pouvant durer dix ans, c'était mieux. C'était surtout urgent. Il devait bien sûr s'inspirer d'un cadre naturel dont il aurait l'air de faire partie. L'impératif fixé par la chaîne était triple : il devait incarner l'ouverture sur le monde, être spécifiquement marseillais et néanmoins assez atypique pour que chaque coin de France l'adopte. Il fallait chercher et… pas de quartier. Enfin, pas de quartier banal à l'œil. Celui du Panier s'est vite imposé. Avec ses maisons colorées, il est aux Marseillais ce que Carmen est à Bizet. L'un ne rime à rien sans l'autre. Situé près du Vieux-Port, il est non seulement le plus ancien quartier de la ville, mais de surcroît construit sur l'antique Massalia grecque. Difficile de faire plus riche en symboles. Et c'était le défi accepté par Michel Blaise : créer un décor qui ait l'air d'être le cœur de ce quartier sur près de deux mille mètres carrés. Il a mis la main à la pâte ; la chaîne, avec 1,9 million d'euros, l'a mis au portefeuille – voire au panier !

RUE
DES MOULINS
PANIER

La construction des décors

C'est au pied du mur qu'on voit le maçon, dit-on. Michel Blaise, le créateur du quartier imaginaire du Mistral, n'en est pas encore là en cette fin d'année 2003. Il sait juste qu'il est fou, parce qu'il faut un fou pour résoudre ce problème impossible à résoudre : recréer le plus vieux quartier de Marseille

dans moins de deux mille mètres carrés, avec un bistrot, deux boutiques, un hôtel et une place. En prime, une vingtaine de comédiens-habitants pour le faire vivre et une équipe technique qui a besoin de son espace vital pour travailler. Dans le genre mission impossible, on ne fait pas mieux.

Les croquis et esquisses

À la fin de l'année 2003, le créateur Michel Blaise n'est pas à la fête. Au sens propre. Pendant que, à Marseille comme ailleurs, ça sent le sapin avec les préparatifs de Noël, lui dessine les premiers plans avec son équipe, donne les premiers coups de crayon, travaille vingt-six heures

sur vingt-quatre, soirée du réveillon incluse. Il passe aussi son temps dans le train, faisant le yoyo entre Paris et Marseille. Voire à Londres, pour étudier leurs techniques. Plus il avance,plus il trouve que ce projet démentiel vaut le coup. De crayon, déjà.

Les maquettes et la construction

Les problèmes s'enchaînent comme les épisodes de *Plus belle la vie*. Comment, par exemple, faire tenir debout un décor de douze à quatorze mètres de hauteur nécessitant l'utilisation de deux mille cinq cents mètres carrés de contreplaqué ? Se pose pour Michel Blaise le problème des échafaudages

à dresser pour un coût d'abord estimé à cinq cent mille euros…
Sans parler des grues et des élévateurs qu'il faut finalement louer pour déplacer les façades de douze mètres de haut, ce qui oblige à faire passer des brevets aux techniciens ! Comme les ateliers de construction sont à l'opposé des studios, rien n'est simple et tout se complique !

Les accessoires et les décors

Plus belle la vie! Avant qu'elle soit plus belle, il fallait l'inventer, cette vie dans le quartier du Mistral – d'où l'obligation pour les cinquante personnes de l'équipe technique d'être des professionnels du système D, en permanence obligés de s'adapter aux difficultés. La chef-peintre Dany

et le chef-constructeur Eddy ont, par exemple, trouvé des matériaux permettant de fixer la peinture, un enduit à base de résine très forte, presque indestructible. Résultat : le décor n'a pas vieilli malgré d'énormes variations de température sur le plateau. Comme quoi, un décor d'abord, un décor raccord, un décor encore.

Le quartier du Mistral

Mais comment les portes, les fenêtres et les volets du quartier du Mistral ont-ils l'air si vrai ? Question simple, réponse simple : parce qu'ils sont vrais. Le chef-décorateur Michel Blaise avait fait passer la consigne : pour faire du neuf, rien de tel que de l'ancien ! Mais de l'authentique. Seulement, comme tout avait été

sous-dimensionné pour donner le sentiment d'un espace plus vaste, la mission était difficile. Au point que le régisseur d'extérieurs a dû écumer toute la région Provence-Alpes-Côte d'Azur : il a réussi à trouver dans des brocantes ou des casses deux cents fenêtres, portes et volets d'origine. Il ne restait plus qu'à prendre la porte… pour la placer dans le décor !

Le Bar du Mistral

Avec le *Select Hôtel*, le *Bar du Mistral* est le décor préféré de Michel Blaise. Il respecte la consigne du « réalisme marseillais » voulu conjointement par la chaîne et la production. Là aussi, l'équipe a regardé les façades, pris des photos

et fait des recherches de matières. Résultat : le bar de Roland ne déparerait pas sur la place des Treize-Coins, l'un des lieux les plus pittoresques de Marseille. Allez, un petit noir vite fait au comptoir !

L'atelier de Charlotte

L'atelier de Charlotte, la styliste stylée, est l'une des deux boutiques situées sur la place du Mistral. Il fait bien sûr partie du décor, et pourtant la chef-costumière a son mot à dire :

c'est son équipe qui remplit la vitrine avec de vrais vêtements de créateurs. Les tenues griffées changent au fil des saisons... Du cousu main.

L'appartement des Marci

Dis-moi où tu habites, je te dirai qui tu es. Le directeur artistique, Toma de Matteis, veille à ce qu'il y ait une unité entre les personnages, leurs comportements, leurs vêtements

et l'endroit où ils vivent. Du coup, il observe tout dans la rue, feuillette des dizaines de magazines chaque semaine, regarde la télé, la publicité, Internet. Le décor des Marci ressemble aux Marci !

Les chambres de Mirta, Rudy et Rachel

Le directeur de collection, Olivier Szulzynger, aime bien ces trois pièces. Ce n'est pas le cas du meublé de Guillaume, Luna et Nathan. Parce qu'il détestait les tableaux de cet appartement, il avait concocté un épisode dans lequel

ils repeignaient tout. Ce qui a bien été fait, mais une fois les murs repeints, ils ont raccroché les tableaux ! Olivier jure qu'il n'a pas dit son dernier mot puisque ces toiles, il ne les aime toujours pas !

Les studios de Juliette et de Thomas

Devant ces lieux clairs, l'équipe est fière du travail accompli. Quand on pense que, à son arrivée dans les studios du pôle médias de la Belle-de-Mai, il n'y avait ni chauffage ni lumière : près de deux mille mètres carrés de noir absolu – celui

qu'elle broyait. Explication : les studios appartenaient à Marseille, mais une société satellite en avait la gestion, qui les sous-louait à une troisième qui, elle, les louait à la production. Résultat : personne ne s'était soucié de l'électricité. Du coup, il y en a eu un peu dans l'air.

Le bureau de Frémont et le cabinet de Guillaume

Rien ne ressemble autant à un cabinet médical qu'un autre cabinet médical, et c'est bien ce qu'il fallait : que ce soit crédible. C'est le décor dans son ensemble

qui épate les producteurs étrangers, notamment les extérieurs car, pour ressembler au quartier du Panier, il a fallu créer des montées et des descentes, une butte, etc. Pour tous, *Plus belle la vie* est une référence, un mistral vraiment gagnant.

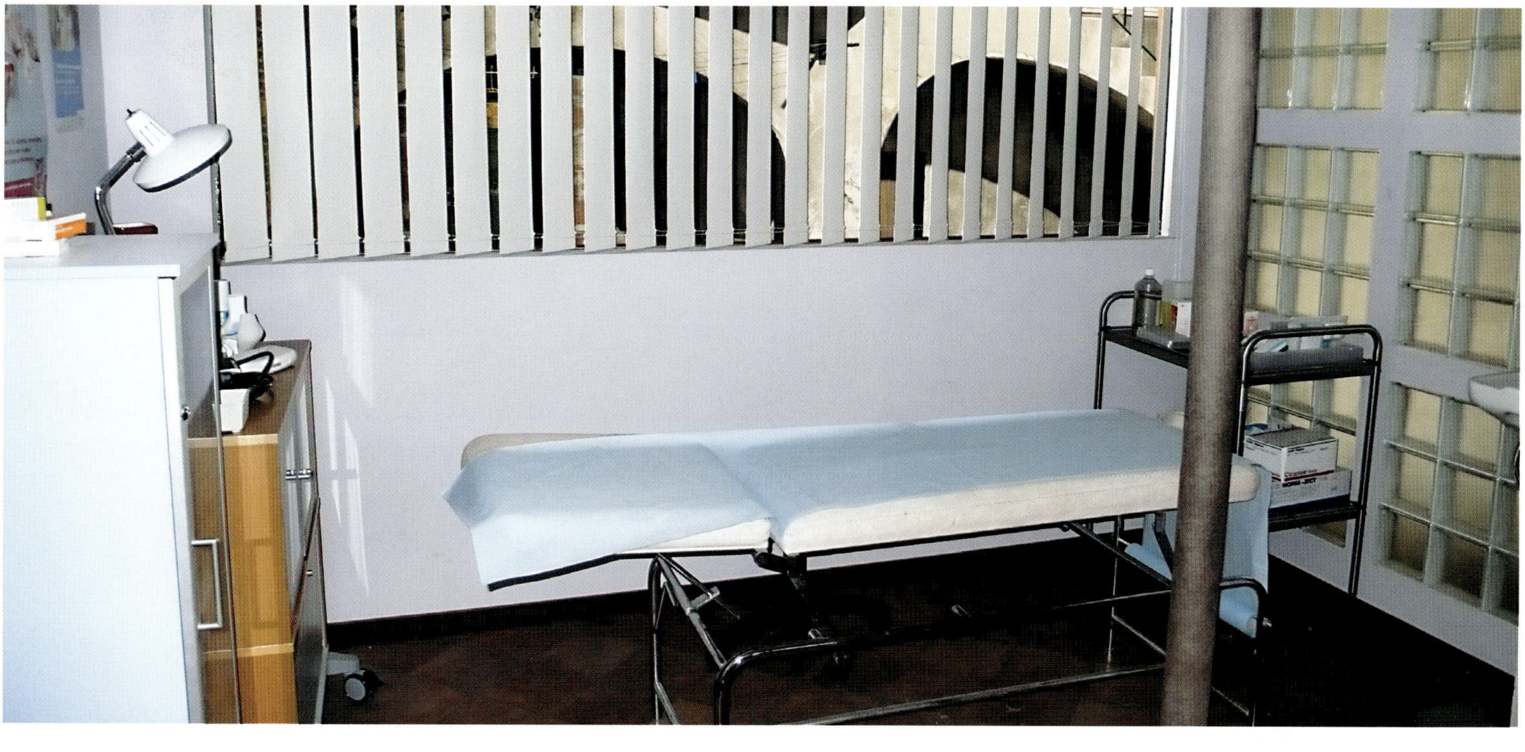

Les coulisses

PLUS BELLE LA VIE

Multi-réal

TELFRANCE/F3

Producteur:
Directeur Production:
Premier Assistant:
Directeur Photo:
Chef Déco:
Régisseur général:

		Temps tournage																
		Seq	552/3	552/13	553/11	554/12	555/14	551/16B	555/16	551/9	552/4	554/7	551/2	552/6	551/3	551/15	553/3	554/4
		Plans																
		Décor	APPART GUILLAUME	APPART GUILLAUME	APPART GUILLAUME	APPART GUILLAUME	APPART GUILLAUME	ATELIER CHARLOTTE CHAMBRE	ATELIER CHARLOTTE CHAMBRE	CABINET FREMONT bureau Malik	CABINET FREMONT bureau Malik	CABINET FREMONT bureau Malik	PARLOIR	PARLOIR	APPART MELANIE	APPART MELANIE	APPART MELANIE	APPART MELANIE
		Sous-décor																
		Lieu	PLATEAU 350	PLATEAU 350	PLATEAU 350	PLATEAU 350	PLATEAU 350	PLATEAU 350	PLATEAU 350	PLATEAU 350	PLATEAU 350	PLATEAU 350	Plateau 800	Plateau 800	PLATEAU 800	PLATEAU 800	PLATEAU 800	PLATEAU 800
		Résumé																
		PAT	00:00	00:00	00:00	00:00	00:00	00:00	00:00	00:00	00:00	00:00	00:00	00:00	00:00	00:00	00:00	00:00
			J	J	J	J	J	[redacted]	[redacted]	J	J	J	J	J	J	[redacted]	J	J
			[illegible]	I	I	I	I	S	S	S	S	S	I	I	S	S	S	S
		Durée utile	0	0	0	0	0	0	0	0	0	0	0	0	0	0	0	0
Fiche artistique	Interprete	Nb cachets	00:00	00:00	00:00	00:00	00:00	00:00	00:00	00:00	00:00	00:00	00:00	00:00	00:00	00:00	00:00	00:00
*ROLES																		
1 RACHEL	Colette RENARD	1																
2 ROLAND	Michel CORDES	3																
3 MIRTA	Sylvie FLEPP	3					3											
4 BLANCHE	Cécilia HORNUS																	
5 FRANCOIS	Thierry RAGUENEAU																	
6 LUCAS	Geoffrey SAUVEAUX																	
7 JOHANNA	Dounia COESENS	1																
8 RUDY	Ambroise MICHEL	4											8					
9 CHARLOTTE	Hélène MEDIGUE	4						9	9					9				
10 CELINE	Rebecca HAMPTON																	
11 VINCENT	Serge DU[illegible]KE	1																
12 NINON	Aurélie [illegible]NECK																	
13 MALIK	Sofiane [illegible]ELM[illegible]DE	4								13					13	13	13	13
15 LEO	Pierre MARTOT	4									15							
17 MELANIE	Laetitia MILOT	3													17	17	17	
61 JULIETTE	Juliette CHENE																	
77 LUNA	Anne DECIS	3	77			77	77											
79 FREMONT	Alexandre FABRE	3									79							
84 THOMAS	Laurent KERUSORE	3																
413 NIRINA	Linda Bouhenni	2		413	413													
430 NICOLAS	Nicolas HERMAN	3																
446 NATHAN	Thibaud VANECK	2	446	446	446	446												
450 SAMIA	Fabienne Carat	3								450		450						
542 AGATHE	Valérie BAURENS	3																
550 VERA MADIGAN		2																
560 AUDE		2											560	560				
571 LIVIA		4						571	571									
574 CYRIL		2													574	574	574	574
576 RICHARD		2																
577 MATTHIEU		2																
579 LOIC		1																
580 SOPHIE mère de Nathan		1																
581 PATRICK		1																

Séquence	Décor	Annotation	Plateau	Début	J/N	I/E		Fin	Rôles
5/15	APPART MELANIE		PLATEAU 800	0:00	[redacted]	S	0	0:00	17, 574
5551/10	BUREAU LEO	+ S	Plateau 800	00:00	J	I	0	00:00	84, 430, 550
552/1	BUREAU LEO		Plateau 800	00:00	J	I	0	00:00	77, 550
552/16	BUREAU LEO		Plateau 800	00:00	[redacted]	I	0	00:00	77, 560
548/16	BUREAU LEO		Plateau 800	00:00	N	I	0	00:00	77, 550
554/3	BUREAU LEO		Plateau 800	00:00	J	I	0	00:00	542, 550
554/6	BUREAU LEO		Plateau 800	00:00	J	I	0	00:00	15, 550
554/11	BUREAU LEO		Plateau 800	00:00	J	I	0	00:00	430, 550, 577
555/3	BUREAU LEO		Plateau 800	00:00	J	I	0	00:00	430, 550, 577
555/5	BUREAU LEO		Plateau 800	00:00	J	I	0	00:00	430, 577
551/7	HALL COMMISSARIAT		PLATEAU 800	00:00	J	I	0	00:00	8, 550
552/9	HALL COMMISSARIAT		PLATEAU 800	00:00	J	I	0	00:00	2, 84, 430, 550, 576
553/8	HALL COMMISSARIAT		PLATEAU 800	00:00	J	I	0	00:00	8, 550
555/13	HALL COMMISSARIAT		PLATEAU 800	00:00	J	I	0	00:00	430, 550, 576, 577
553/15	SELECT HOTEL CHAMBRE LEO		Plateau 800	00:00	J	I	0	00:00	542, 571
554/2	SELECT HOTEL CHAMBRE LEO		Plateau 800	00:00	J	I	0	00:00	3, 15
553/1	SELECT HOTEL CHAMBRE RUDY		Plateau 800	00:00	J	I	0	00:00	8, 77
555/2	SELECT HOTEL CHAMBRE RUDY		Plateau 800	00:00	J	I	0	00:00	8, 15
555/10	SELECT HOTEL CHAMBRE RUDY		Plateau 800	00:00	J	I	0	00:00	8, 77
551/16A	ATELIER CHARLOTTE		Plateau 1000	00:00	[redacted]	I	0	00:00	571
553/2	ATELIER CHARLOTTE		Plateau 1000	00:00	J	I	0	00:00	9, 79
5									

« Des souvenirs professionnels, j'en ai beaucoup, mais *Plus belle la vie* est la plus belle aventure humaine que j'aie jamais vécue. » Quand Hubert Besson, le producteur du feuilleton, regarde en arrière comme on regarde le champ de pièges auxquels on a réussi à échapper, il a toutes les raisons d'être satisfait. Mieux : heureux. Satisfait d'avoir rempli sa mission, qui était de réussir à imposer le premier feuilleton français depuis vingt-cinq ans face à une institution (deux journaux télévisés). Mais surtout heureux d'avoir au passage trouvé une vraie famille professionnelle. « Le lendemain de la diffusion du premier épisode, le 31 août, quand nous avons constaté que seulement un million et demi de téléspectateurs étaient au rendez-vous, nous étions bien sûr déçus et inquiets », résument sobrement le producteur Hubert Besson et le directeur des programmes de France 3 Vincent Meslet. C'était aussi agaçant de voir les sourires satisfaits de tous ceux qui, ne croyant pas au projet, souhaitaient sa mort pour pouvoir prouver qu'ils avaient raison. Sans oublier les médias, qui regardaient avec curiosité ce projet ambitieux, comme un entomologiste observe des fourmis qui se débattent dans un tube – cathodique, bien sûr. Tous se souviennent de la réunion de crise le vendredi 4 septembre, cinq jours après la diffusion du premier épisode. Ce matin-là, le patron de France 3, Rémi Pfimlin, soutient ses troupes, le patron de France Télévisions, Marc Tessier, cache mal son inquiétude, et Vincent Meslet rassure, assure et assume. Son discours est plus clair encore que l'eau des calanques : « On continue, mais il va falloir travailler tous ensemble ; accepter de se remettre en cause, accepter de jeter des épisodes déjà écrits, muscler les intrigues, ajouter de la comédie, du romanesque, pour gagner petit à petit du terrain. Et on fera le point à Noël. » Point d'audience, bien sûr. Point sur les i, déjà. Reste à espérer qu'il n'y aura pas de point final.

« Mais pas question, préviennent Vincent Meslet et Hubert Besson, de renoncer à nos idéaux. On n'abandonne aucun public, on continue à être le feuilleton de la diversité. » Tous ne sont pas d'accord, mais la ruche s'organise. Les vingt auteurs, sous la direction d'Olivier Szulzynger, venu muscler les histoires, font frémir le quartier du Mistral avec cinq rebondissements par semaine. Les cent trente personnes de l'équipe technique, à 95% marseillaise, sont invitées à donner des idées, toujours entendues, souvent appliquées. Les comédiens écoutent leur directeur, Richard Guedj, à la fois confident, mentor, souffre-douleur, nounou, garde-chiourme et surtout marchand de sable : « Pour courir le marathon, il faut être en forme et se coucher tôt », dit-il. Enfin, le directeur artistique, Toma de Mattei, veille et surveille tout, maquillage, coiffure, costumes, accessoires. Le plus d'authenticité pour un plus de public. Qui ne cesse d'augmenter. À Noël, l'équipe tire les marrons du feu. Les jeunes aiment, leurs grands-parents aussi, et tous les autres suivent. À la Saint-Valentin 2007, 6,6millions de fidèles sont devant leur poste pour prouver que *Plus belle la vie*, c'est que de l'amour. On va voir ça !

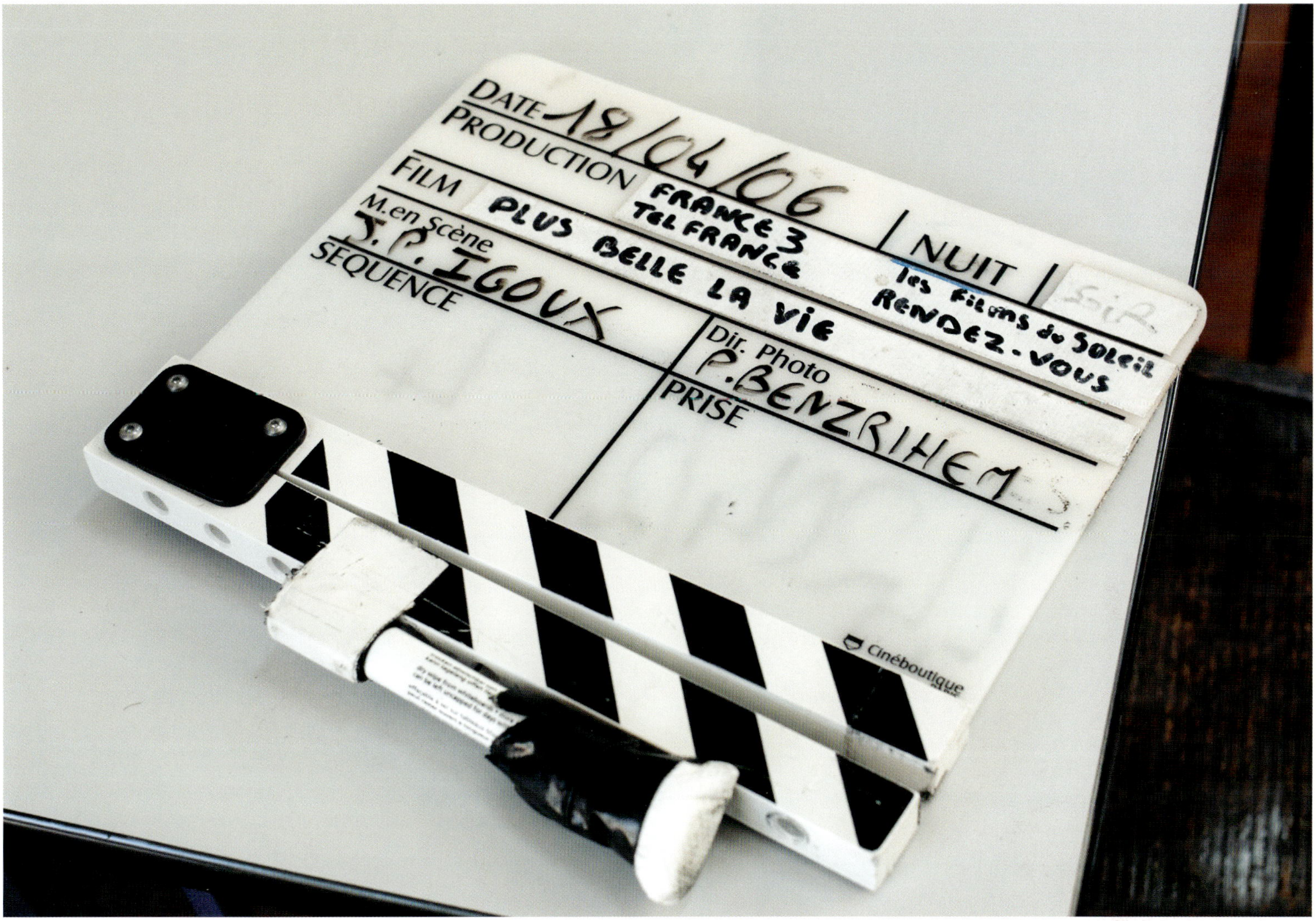
DATE 18/04/06
PRODUCTION
FRANCE 3
TEL FRANCE
FILM
PLUS BELLE LA VIE
NUIT
les Films du Soleil
RENDEZ-VOUS
M.en Scène
J.P. IGOUX
SEQUENCE
Dir. Photo
P. BENZRIHEM
PRISE
Cinéboutique

L'écriture des scénarios

Pour que le feuilleton soit plus vivant, il a fallu des morts. Dans le scénario, s'entend. « Quinze jours après mon arrivée, rigole Olivier Szulzynger, il y a eu le premier cadavre. En fait, une trentaine de morts sur huit cents épisodes, c'est beaucoup moins que dans une série policière. » L'emploi du temps est immuable pour les auteurs, qui savent qu'à un épisode correspond une journée du quartier, avec un rebondissement final qui fidélise le public jusqu'au lendemain. Un groupe de huit scénaristes se réunit donc tous les jours pour improviser, se surprendre et lancer les histoires qui, une fois construites, passent aux cinq dialoguistes (un épisode de la semaine chacun), puis aux deux responsables chargés de chasser redites et non-sens et d'homogénéiser l'ensemble avec le style de la série. Important de donner le ton !

Pierre Martot (Léo) le travail d'un acteur sur son texte

Dans l'apprentissage d'un texte, il y a tout un travail de mémoire presque mécanique qui consiste pour moi à répéter chaque phrase à voix haute, peut-être trente ou quarante fois, jusqu'au moment où le souvenir va en devenir évident et où la diction de la phrase va aller de soi, sans accroc. Il faut que la possession des mots devienne physique, comme si ces mots étaient les miens et non pas ceux du scénariste. Pendant toute cette période d'apprentissage, j'essaie bien sûr de deviner ce que les mots révèlent du personnage mais aussi ce qui n'est pas écrit, ce qui se cache derrière chaque réplique de la scène à jouer, et ce qui se cache dans les silences possibles, par exemple… Qu'est-ce qui se passe, dans cette scène, entre les personnages… Est-ce que le personnage que je vais interpréter est heureux, est-ce qu'il est amoureux, en colère… qu'est-ce qu'il cherche dans cette scène, qu'est-ce qu'il veut… dans quel état physique est-il (pressé, fatigué, détendu…). Il fautque ça devienne concret, précis. J'essaie de saisir la relation qu'il entretient avec les autres personnages de la scène (ici, l'amour, même déçu). Pendant tout ce travail d'apprentissage, je prends des notes que j'écris sur le scénario, qui sont pour moi comme des phares qui éclairent la scène à jouer : des titres de films qui sont des modèles, par exemple (ici, *Le Voleur de bicyclette* parce que je venais de revoir le film et que l'acteur y est d'une dignité exceptionnelle – inégalable – et il me semblait que, dans cette scène où Léo est déçu par la femme qu'il aime, il veille malgré tout à conserver sa dignité), un rythme sur lequel une réplique peut être dite (lent, rapide ou « un peu mangé »), parfois je change un mot : je garde le sens mais je choisis un mot qui me viendra mieux en bouche, etc.

Au moment de tourner, je garde ce travail de préparation dans un coin de ma mémoire, mais il y a une sorte d'oubli à trouver, une sorte d'abandon, qui est pour moi la partie la plus difficile du travail (et, donc, la plus belle quand on arrive à la toucher). Car, avec l'arrivée du partenaire, quelque chose de nouveau se passe qui était impossible à prévoir : sa façon de se tenir, son regard, sa façon d'écouter, le timbre de sa voix, son rythme… Au moment du tournage, il y a aussi la présence du metteur en scène qui propose certains déplacements et des mouvements de caméra, et celle du directeur de l'acteur qui a sa propre vision de la scène. Il faut être prêt à la rencontre. Dans le meilleur des cas, commence alors un travail tout à fait artisanal, semblable à celui d'un menuisier construisant un escalier : pas à pas, marche après marche. L'acteur travaille avec ce qu'il est : un corps, une vie à lui, des sensations, une mémoire, des choses du métier qu'il a apprises, malgré tout, pas mal de maladresses, et quelqu'un qui lui parle et à qui il répond ; et qui lui répond à son tour.

L'organisation des plateaux et d'une journée de tournage

Les marathoniens, on les trouve sur les pistes d'athlétisme mais aussi dans *Plus belle la vie*, servis sur un plateau ! Chaque matin, tous ont le texte du jour, parfois discuté en amont, jamais sur le tournage. Avec un épisode de vingt-six minutes à tourner chaque jour, soit sept à huit séquences extérieures et dix à douze en studio, pas de temps à perdre en discussions. Le directeur d'acteurs, Richard Guedj, a un rôle essentiel : harmoniser. Comme les équipes techniques sont différentes selon qu'il s'agit de scènes en intérieur ou en extérieur, et comme le réalisateur change toutes les semaines, pour ne revenir parfois que deux mois plus tard, il y a urgence à unifier le jeu !

Défense
(loi du 29

Tout mis à plat, impossible de mesurer la prouesse réalisée en extérieur par Michel Blaise avec la création de la rue du Mistral, interdite de goudron pour des raisons de sécurité (ce n'est pas autorisé dans un lieu clos). Après avoir éliminé l'idée de copeaux de pneus inflammables ou de gravier, il a eu l'idée d'une pierre de lave légère et autobloquante, la pouzzolane, recueillie dans des mines en Sicile ou en Auvergne. Une chance, un pépiniériste de la région en avait à revendre, qui s'en servait contre l'humidité ; une mine, effectivement !

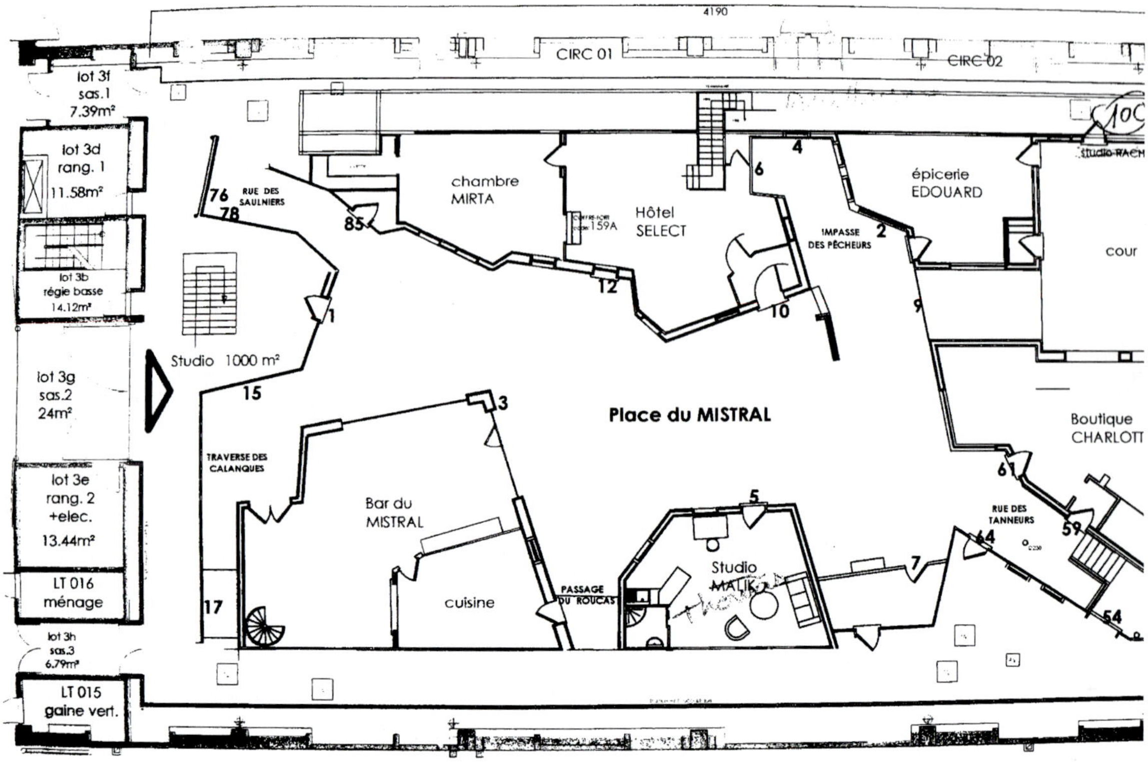

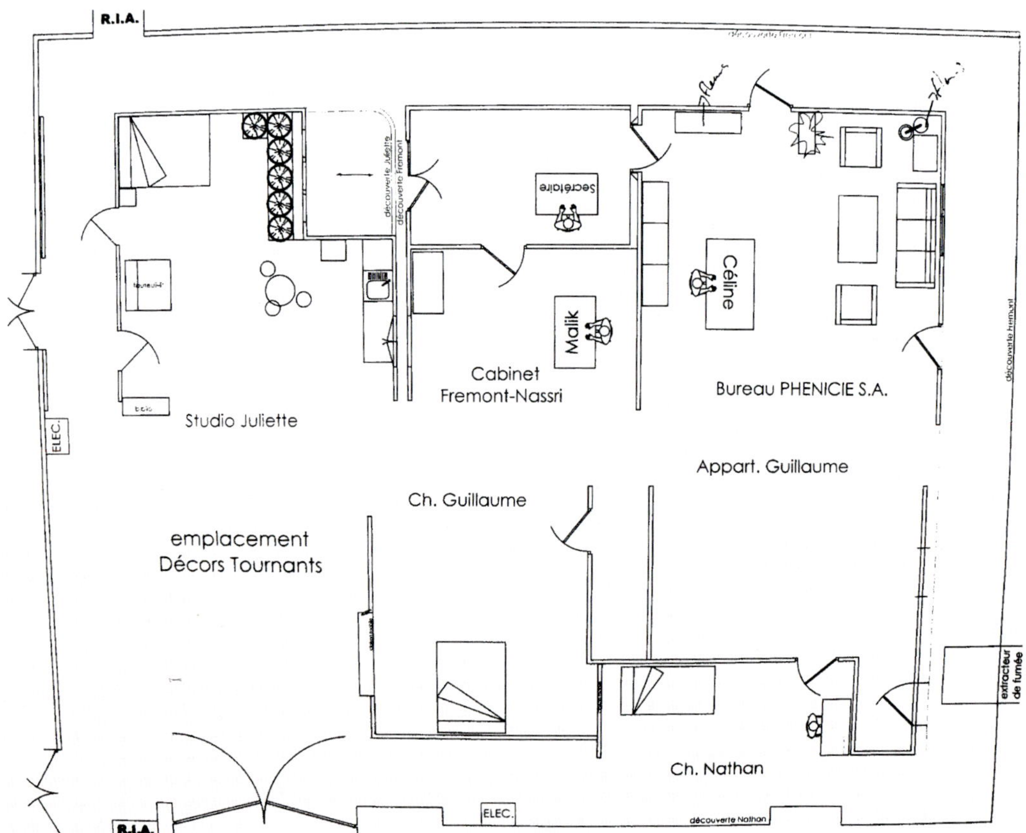

350 m²

BAR MISTRAL

HOTEL SELECT

Planning journée tournage / organisation / acteurs / séquence

Sur la feuille de route, il est généralement écrit : « Tournage de 9 h 15 à 19 h 15 moins une pause-déjeuner de 12 h 40 à 13 h 40. » Et c'est parti pour les comédiens, qui savent par cœur le texte des sept à huit séquences tournées dans la journée, soient quatorze pages de répliques d'une à trois lignes, ce qui donne cent lignes à se mettre en tête et en bouche chaque soir après le tournage. Comme la veille. Comme le lendemain.

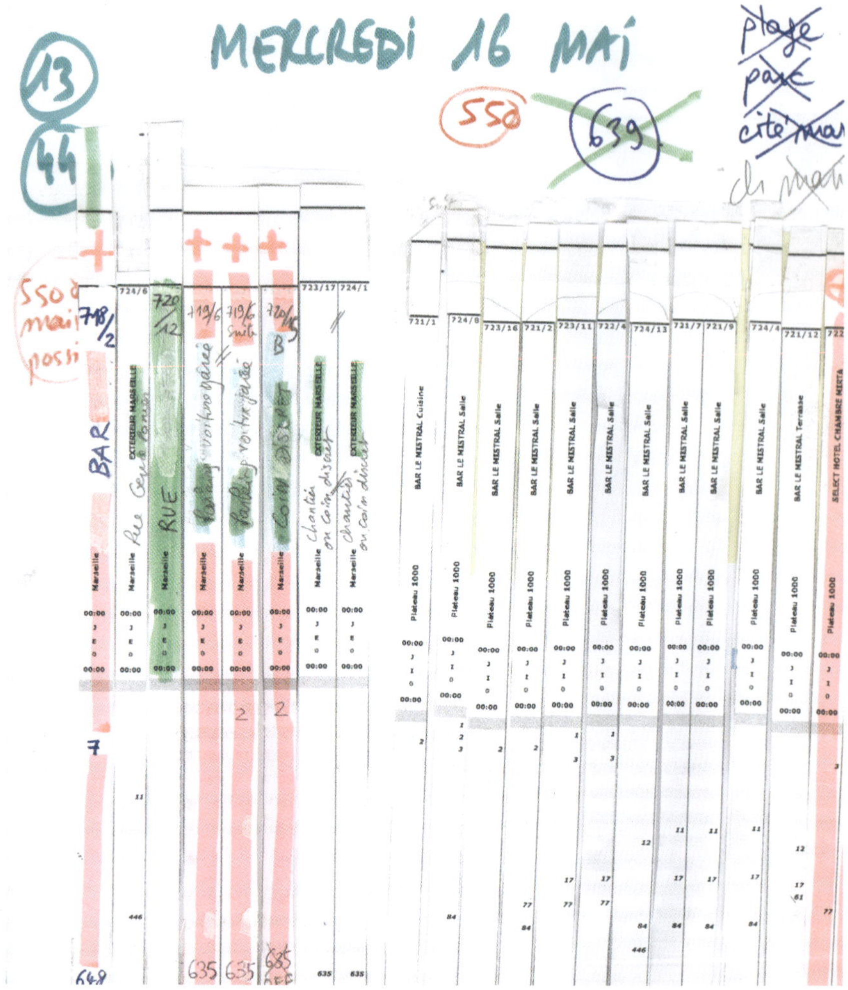

Préparation des accessoires

Soyons clairs, tout ce qui est accessoire est indispensable. Primordial. Essentiel. Incontournable. L'accessoire au bon endroit au bon moment, c'est ce qui fait que ça sonne vrai. Dès que l'accessoiriste a le séquencier en main, il rassemble les objets nécessaires au tournage. « Ça va, explique le directeur artistique Toma de Mattei, de la miette de pain sur la table au chien. » Le chef-électricien avait en effet fait remarquer qu'il était illogique de ne jamais en voir dans la rue, alors que le pays en compte neuf millions. Pas bête, si on ose dire !

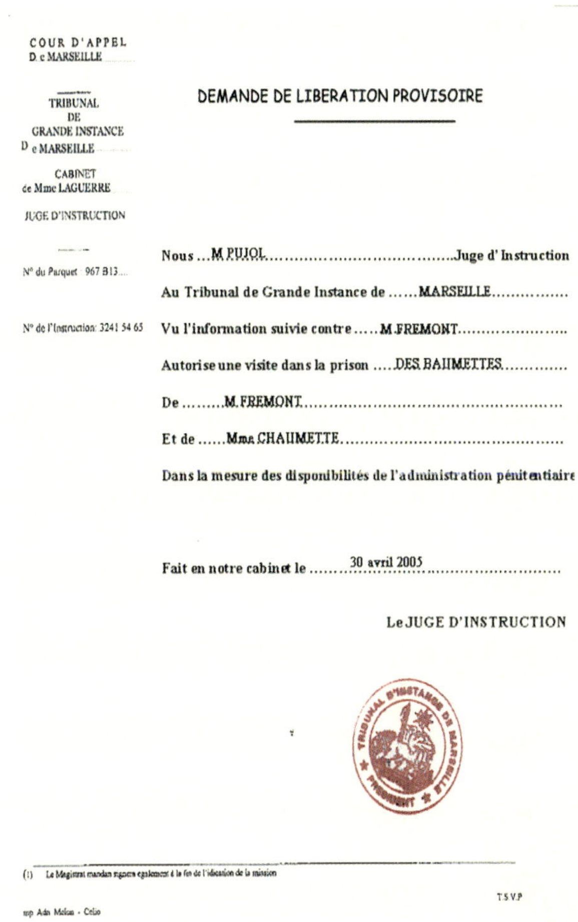

COUR D'APPEL
D e MARSEILLE

TRIBUNAL
DE
GRANDE INSTANCE
D e MARSEILLE

CABINET
de Mme LAGUERRE

JUGE D'INSTRUCTION

N° du Parquet 967 B13...

N° de l'Instruction: 3241 54 65

DEMANDE DE LIBERATION PROVISOIRE

Nous ...M PUJOL.......................................Juge d' Instruction

Au Tribunal de Grande Instance de ......MARSEILLE...............

Vu l'information suivie contre .....M FREMONT.....................

Autorise une visite dans la prison ....DES BAUMETTES............

De ....M FREMONT...

Et de ......Mme CHAUMETTE...

Dans la mesure des disponibilités de l'administration pénitentiaire

Fait en notre cabinet le ....30 avril 2005............................

Le JUGE D'INSTRUCTION

(1) Le Magistrat mandan signera egalement à la fin de l'idéation de la mission

T.S.V.P

mp Adn Melun - Celio

Maquillage et coiffure

Une heure quinze de maquillage pour les femmes, quarante-cinq minutes pour les hommes… et une heure minimum de plus pour les blessures ! Maquiller, ce n'est pas seulement poudrer et farder, c'est aussi savoir faire des ecchymoses, des bleus, un nez cassé, marquer la fatigue, la transpiration, des traces de liens sur les poignets, et même faire un doigt coupé ! Tout désir de changement de coiffure doit être soumis au directeur artistique une semaine avant le tournage.

Coiffeurs et maquilleurs sont sur le plateau du début à la fin du tournage. Les coiffeurs doivent s'occuper des raccords, toujours nécessaires avant chaque nouvelle scène. Les maquilleurs, eux, assurent deux types de maquillage « de base » : l'un allégé, pour l'extérieur ; l'autre plus lourd, pour l'intérieur.

RACCORDS
EN COURS
STUDIOS DE MARSEILLE

324
507/6
507/16
507/3
513/2
509/8
509/2
506/15 et 13
506/3
507/13

Les costumes

Plus belle la vie a de la tenue ! Oui, l'équipe des costumiers n'en manque pas. Faute de temps, elle s'approvisionne beaucoup dans les boutiques du centre de Marseille : H&M, Zara, Galeries Lafayette… Mais, succès oblige, de plus en plus de créateurs parisiens et marseillais assurent des prêts de vêtements. On est loin du début, quand c'est la production qui prenait une veste !

215
696/2
700-S
697-M

406 -
Malik -
216 J2 -
Roland 410
103
202

Habillés pour l'hiver ! Comme plusieurs épisodes sont tournés en même temps, l'équipe des costumes doit prévoir une garde-robe complète pour chaque comédien, qui utilise donc rarement ses propres vêtements. Cela n'empêche pas Roland et Nathan d'avoir de la tenue !

Le tournage

Le tournage de deux cent soixante épisodes par an fait de *Plus belle la vie* une entreprise qui ne ferme jamais boutique. C'est ce qui rend nécessaire la participation de cent trente personnes et de plusieurs chefs de gare : un directeur de production, un directeur artistique, un directeur d'acteurs.

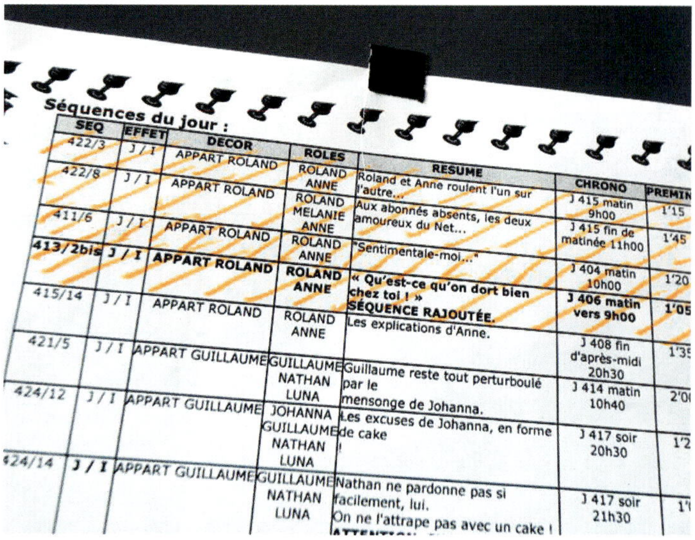

SONY
CAMERA A
16:9/4:3
WIDESCREEN
Power HAD 1000
BETACAM
Canon
sachtler

Dimanche Musical
pour la Fête-Dieu
Programme
Terre de
FESTIVALS

Roland, Mirta et son amoureux du moment sont confiants : grâce au directeur d'acteurs, Richard Guedj, l'unité du tournage est maintenue même si les réalisateurs changent toutes les semaines. Certains sont d'ailleurs souvent paumés à leur retour, parfois deux mois plus tard – il s'est passé tellement d'événements en leur absence : au Mistral, elle est plus mouvementée, la vie !

Comme certains plateaux sont petits, le cadreur peut avoir un problème de recul avec sa caméra à l'épaule, qui pèse tout de même quelque onze kilos. Là encore, un argument de poids !

Ils sont forts, ces cadreurs !
Au sens propre aussi… Car comment crapahuter derrière Nathan le rebelle sans que l'image tremblote ? Grâce au steadycam, une caméra de vingt-cinq à trente-huit kilos fixée sur un bras articulé porté à l'aide d'un harnais, qui permet à l'image de rester toujours stable. C'est ce qui s'appelle un atout… de poids !

Parmi les difficultés de tournage que le public ignore, il y a le problème des scènes filmées en bord de mer : il faut dans ce cas-là – entre autres soucis techniques ! – placer les comédiens à l'abri du vent. Dans ces zones, c'est en effet toujours le mistral qui est gagnant !

LDK 500
FUJINON

Pas de doute, les décors de *Plus belle la vie* valent la peine… que l'équipe se donne ! Trois cadreurs filment simultanément trois angles différents grâce à trois caméras placées sur un même plateau pour la même scène. Au réalisateur-studio de faire son choix derrière les téléviseurs de contrôle et de monter ainsi en direct !

S'il est possible de tourner jusqu'à – parfois – douze scènes en une journée, c'est avant tout parce que les comédiens savent très bien leur texte ; au bout de deux ans, ils arrivent même à l'apprendre en dix minutes – une expérience qu'ils n'auraient pu acquérir sur aucun autre tournage ! D'ailleurs, si certains ont, au début, été tentés par les folles nuits marseillaises, ils ont vite compris que la vie de patachon n'allait pas de pair avec la vie du feuilleton !

SONY
THIERRY
VINCENT

La postproduction : le maillon fort de l'équipe

Ce sont les maîtres du puzzle, les rois de l'assemblage. Coordinateur artistique, responsable technique, monteurs : les opérateurs de la post-production de *Plus belle la vie* assurent un max ! Sébastien Pourcel, coordinateur artistique, endosse le rôle du chef d'orchestre.

En quoi consiste le métier de coordinateur artistique ?
Je vérifie puis valide ou opère des changements sur le travail réalisé par les monteurs image et son. Cela consiste à apprécier la cohérence de la durée des scènes, le maintien du rythme, l'harmonie de l'assemblage des séquences et les petits cafouillages éventuels. Plusieurs étapes de vérification interviennent au cours de l'élaboration d'un épisode. À chaque fois, je m'assure que le travail est propre. De toute façon, rien ne m'échappe !

Quelles sont les étapes de la postproduction ?
Il y a un premier monteur qui agit illico après le tournage. Il travaille avec les rushs à l'élaboration d'un épisode. Celui-ci est ensuite envoyé à Paris pour vérification. Lorsqu'il nous revient à Marseille, un autre monteur fait les modifications puis intègre l'habillage (le générique de début et de fin). La troisième étape concerne l'étalonnage : le monteur travaille alors sur la colorimétrie des images. Le dernier maillon de la chaîne, c'est le monteur son qui effectue le mixage. L'épisode enfin terminé, l'enregistrement peut avoir lieu pour le prêt à diffuser (PAD).

Comment s'articule votre lien avec le monteur son et les musiciens ?
Je vois les musiciens pour faire un point des besoins de la série : suspense, tension, action, tendresse, amour, comédie… Nous avons un stock de plus de cinq cents musiques dans lequel je peux faire mon choix. Le monteur son les place ensuite au bon moment dans les épisodes.

Virginie Izar, responsable technique de la postproduction, est à la fois au four et au moulin. Elle est la mécano en chef de la « postprod ».

En quoi consiste votre métier ?
Je m'occupe de tout ce qui concerne la technique en postproduction et m'assure que toutes les étapes de la production sont bien faites. Par exemple, je vérifie la validité d'un prêt à diffuser (PAD). Il faut qu'il respecte les exigences de la chaîne, son cahier des charges. De toute façon, la postproduction commence au moment où interviennent les premières caméras. Mon travail, c'est pareil. Je veille à ce que la technique soit fluide et je laisse le côté artistique à Sébastien Pourcel.

Disposez-vous d'une équipe pour vous aider ?
Oui. Il y a cinq personnes qui interviennent sur les différents lieux de tournage. Chacun a sa tâche. J'effectue des rotations, parce qu'il faut aussi travailler la nuit pour la digitalisation des PAD.

Le montage : une étape clé dans l'élaboration d'un épisode

Un épisode de *Plus belle la vie* ne se fabrique pas en claquant des doigts. Rigueur et organisation sont les maîtres mots des monteurs de la série. Ces assembleurs de séquences constituent l'avant-dernier maillon de la chaîne. Lumière sur les différentes étapes du montage. « Je récupère les images tournées en plateau ainsi que les images filmées en extérieur. J'assemble les différentes séquences en respectant le scénario et le rapport de la scripte. Ces documents me donnent une base de travail, mais je vérifie tout de même qu'il n'y a pas de problèmes techniques. » Chaque scène est filmée par plusieurs caméras et sous différents angles. Ainsi, « lorsqu'une prise n'est pas parfaite, je cherche l'angle idéal pour gommer le défaut », explique Gaëlle Guillermin, monteuse épisode. On ne vous l'apprend pas, l'erreur est humaine : comédien qui hésite ou bafouille, objet non identifié dans le champ de la caméra (pas de panique : bien souvent, il s'agit du micro d'un preneur de son !), etc. Résumons : le montage intervient après la préparation et le tournage d'un épisode, c'est la troisième étape de production. Le monteur effectue un assemblage synchrone de l'image et du son (la parole).

Une fois cette tâche achevée, elle est soumise à vérification auprès de la réalisation et de la production. La mission du « monteur épisode » se termine là où commence celle du « monteur finishing » : celui-ci ajoute l'habillage, c'est-à-dire les génériques et les trucages éventuels (souvenez-vous lorsque Charlotte a eu des hallucinations !). Enfin, l'étalonneur prend le relais pour travailler sur la colorimétrie des images : une scène tournée en plein jour peut, après l'étalonnage, se transformer en séquence au soleil couchant. L'épisode est bientôt terminé : il ne lui reste plus qu'à passer entre les mains du monteur son pour le mixage.

Le mixage : ouvrez vos oreilles !

Pour vous plonger encore un peu plus dans l'univers de *Plus belle la vie*, le monteur son exécute un travail de haute voltige. Pascal Hochenedel dorlote vos petites oreilles ! Quand l'épisode arrive dans son studio de mixage, il commence par nettoyer les pistes. Les interférences sont supprimées, le son ne sature plus. Mais, pour que la magie opère parfaitement, il ajoute des ambiances. Les scènes filmées sur la place du Mistral et dans le bar de Roland se déroulent ainsi dans la même ambiance sonore. « J'ai à ma disposition une banque de sons. Chacun correspond à un lieu : en général, j'en ai deux ou trois par lieu. Il me suffit de choisir le plus approprié », explique Pascal Hochenedel. Autre partie de son travail : assembler des musiques à thème, pour accentuer l'effet voulu. Et, lorsqu'un comédien hésite, c'est au moment du mixage qu'on effectue une rustine son. Vive la technique et le système D !

Le vocabulaire utile

Capture d'écran
Photo tirée d'un épisode.

Étalonnage
Équilibrage de la densité et de la chromie des images.

Mixage
Opération qui consiste à combiner des éléments sonores ou des enregistrements en vue de la réalisation finale de la bande sonore de l'épisode.

Montage
Assemblage des différentes séquences de l'épisode.

Rushs
Images brutes, non classées.

Scripte
Personne qui prend en note et qui transmet les volontés du réalisateur au monteur.

Tracking
Trucage qui consiste à accrocher une image sur une autre (par exemple, incruster une image sur l'écran d'un téléphone portable).

Virgule
Petite transition musicale qui intervient souvent en fin de séquence pour marquer l'intention de fin.

Les acteurs

« On n'a jamais vu un coffre-fort suivre un enterrement », déclare Rachel dans un des premiers épisodes de *Plus belle la vie*, alors appelé *Mistral gagnant*. C'est l'une des répliques fortes de la série mais, quand Colette Renard la dit avec gourmandise, elle ignore encore qu'elle joue dans ce qui sera bientôt considéré comme un « phénomène de société » dans tous les journaux. Comme elle a beaucoup chanté sur scène, elle n'a pas peur de déchanter, et sa valise pour Marseille est prête sitôt la fin d'un casting où elle s'est trouvée, à tort, lamentable. Comme Colette Renard, tous les « auditionnés » s'entendent demander dès le premier essai « s'ils sont prêts à vivre un an à Marseille ». Tous s'interrogent alors sur cet OVNI télé, cet objet visuellement non identifié. « Un an à Marseille, confirme Sofiane Belmouden, qui est parisien, ça voulait dire perdre tous mes repères, c'était angoissant mais aussi excitant. » Il est donc tout de même enthousiaste, les autres « élus » également. Une seule comédienne quittera la série peu après pour inadaptation ! Certes, dans un premier temps, le discours du directeur d'acteurs (poste habituellement inexistant à la télévision), Richard Guedj, les effraie un peu : la « douceur de vivre pagnolesque », prévient-il, il faut oublier ! Lui est là pour unifier une production obligatoirement soumise aux roulements d'équipe (mais pas démécanique), et son passé sans passif impressionne : il a travaillé avec Marcel Maréchal… Bref, il vient du « théâtre-qui-pense » et semble autant fait pour diriger les comédiens d'un feuilleton très populaire que Oui-Oui, le héros des mouflets, est fait pour être analyste financier. A priori seulement. Car dès qu'il passe ses troupes en revue, tous comprennent qu'il va réussir à monter la sienne, de troupe. Avec un credo : « La seule façon de dire un texte, c'est de le dire de la bonne façon ! » Et pour ça, il faut l'apprendre. Et contester le moins possible des dialogues pensés en amont par des auteurs qui ont pesé chaque expression.

Richard Guedj sait dès le départ qu'ils vont, en mouvement alternatif, l'adorer quand il va féliciter, conseiller, consoler, et le détester quand il va jouer les Guy Roux de la pub prêt à border ses troupes. « Impossible de mener une vie de patachon quand on tourne jusqu'à 19 h 15 et qu'on a ensuite quelques cent lignes à apprendre pour le lendemain. » À France 3 comme à Telfrance, tous sont d'accord : dans une fiction-marathon, ce qu'il faut d'abord avoir, c'est la santé ! C'est pour ça que, sitôt dans le bain, l'équipe a tout de même le droit d'en prendre ! Et, aujourd'hui comme hier, les comédiens se serrent les coudes après avoir serré les dents quand, au début, l'aventure a failli rester en rade… de Marseille. Un dernier détail : si le feuilleton empiète sur le quotidien des comédiens, le quotidien des comédiens empiète sur le feuilleton. Quand il y a, par exemple, des loupés dans le planning des vacances, les auteurs font avec. Quand Guillaume, le médecin du Mistral, part chercher un héritage à La Barbade, c'est pour justifier « par l'intrigue » les vacances du comédien sur place ! Les événements de la « vraie vie » sont également pris en compte : les auteurs sont ainsi prêts à intégrer de futures grossesses dans l'histoire… Tout peut en effet arriver dans une série-laboratoire unique en son genre. Peut-être même verra-t-on Charlotte, la styliste, créer une robe pour le mariage d'une comédienne. Dans ce cas, c'est surtout les six millions de fidèles de *Plus belle la vie* qui seront à la noce.

Roland ? Toujours là pour ceux qui en ont besoin quand le vent tourne, si on ose le dire à propos de mistral. Apprécié de tous malgré sa mauvaise foi, ce père de deux garçons dont l'un, Thomas, a été reconnu tardivement, n'est en revanche pas très heureux avec ses conquêtes. Il a beau habiter près de la mer, ça ne baigne pas. Grand amour déçu, amours mortes, amour naissant tué et pas seulement dans l'œuf (elle a été assassinée)… il réussit mieux ses histoires d'amitié avec son quartier. Sa daube fait un effet forcément bœuf et il est toujours prêt à donner quelques sous à ceux qui n'en ont pas… Même si donner du liquide, quand on est patron de bar, c'est somme toute logique ! Comme il était logique que Michel Cordes ait une grande tendresse pour son personnage de grande gueule-grand cœur !

Quand la production vous a vu, il a été évident pour elle que roland, c'était vous ; mais est-ce que ça a été aussi évident pour vous ? Comment vous êtes-vous préparé au rôle ?

M. C. / Nous avons eu au départ une semaine de prise de contact : les producteurs, Hubert Besson et parfois François Charlent étaient là, ainsi que le directeur artistique et le directeur d'acteurs Richard Guedj. On a découvert le décor et les conditions de travail, fait des essais et découvert les textes en les disant. La production a été habile parce qu'elle a bien distribué les rôles : elle savait à qui elle donnait tel rôle, et elle a surtout su construire un groupe qui pouvait fonctionner.

Alors, justement, aujourd'hui, Roland, il existe plus que Michel Cordes ?

M. C. / Ah, les gens m'appellent Roland, c'est sûr. Et c'est vrai que la célébrité, c'est parfois lourd. Les gens nous sollicitent en permanence. On fait partie de leur famille parce qu'on entre tous les soirs chez eux, et la télévision nous transforme en objets. Le danger, c'est que, effectivement, on ne voit plus que Roland. Imaginez qu'à la fin du mois de juillet, on avait déjà tourné 780 épisodes !

Et une journée type, alors, ça donne quoi ?

M. C. / Le maximum que j'ai fait, c'est douze séquences dans une même journée, c'était exceptionnel. Mais une dizaine dans la même journée, c'était fréquent. À partir de la deuxième année, des normes ont été fixées avec un maximum de huit séquences, exceptionnellement dépassables pour des nécessités techniques. Avec possibilité de refus de notre part. Je n'ai d'ailleurs jamais dit non. Mais il y a une espèce de rituel auquel je tiens : j'ai demandé à avoir un quart d'heure de plus, c'est-à-dire qu'on vienne me chercher un quart d'heure plus tôt, soit quinze minutes pour avoir le temps de reprendre mes textes du jour, que je surligne de couleurs différentes. Cinq épisodes, cinq couleurs. Ainsi j'organise mon travail : au cours de la journée, on ne tourne pas dans un ordre chronologique ; on peut enchaîner six à huit séquences d'affilée en changeant d'épisodes (et donc de costumes) cela va très vite. Je resitue donc chaque séquence dans le cours de l'histoire pour savoir où en est le personnage. Je continue à venir avec plaisir au bout de trois ans. Je cherche du plaisir en jouant, je crois que le plaisir de l'acteur fait celui du télespectateur.

Et la vie marseillaise, est-ce qu'on s'y fait facilement quand on est de Montpellier ?

M. C. / Ayant un pied-à-terre à Marseille, j'y passe entre deux et cinq jours par semaine en moyenne. Mais je vis surtout aujourd'hui à Nîmes avec mon amie et je fais parfois l'aller-retour dans la journée. Comme je suis d'origine paysanne, un million et demi d'habitants, c'est trop pour moi. J'ai assez vécu dans des grandes villes comme Paris et Lyon.

C'est une femme très attachante, qui ne mérite pas complètement son prénom vu qu'elle a des zones d'ombre. Notre Blanche a, par exemple, noirci des pages n'ayant pas grand-chose à voir avec ses cours d'institutrice puisqu'elle a écrit un roman érotique. Certes, il avait de la classe, mais cette classe-là n'avait qu'un lointain rapport (!) avec celle de ses élèves… Blanche est aussi progressiste et tolérante, sauf quand ça touche ses propres enfants. Bref, c'est une vraie femme et une femme vraie, ce qui plaît à Cécilia Hornus, dont le CV est aussi long qu'une nuit polaire, notamment au théâtre. Côté télé, on l'a vue récemment dans *Hautot père et fils* de Maupassant. Mais *Plus belle la vie*, elle y tient…

Et justement, le démarrage ?
C. H. / Le trac, je tremblais ! La première scène se passait dans la cuisine des Marci. Le réalisateur, d'un dynamisme et d'une inventivité incroyables, me donnait une multitude d'informations à la minute : « Tu avance vers la table, tu prends les couverts dans le tiroir… Tu vas dans le placard chercher les assiettes… Tu prends le bol de céréales… N'oublie pas que tu as trois caméras, il faut que tu parles à Johanna à ce moment-là… Tu prends un verre… » Il fallait digérer toutes ces informations le temps d'une répétition, sortir le texte, être juste, donc c'était très angoissant, mais il y avait une ambiance formidable, l'enthousiasme d'une nouvelle aventure commune.

Et quelques semaines plus tard, la douche froide en audience ?
C. H. / Oui, mais pas pour nous, en tout cas de mon point de vue. Nous, on était vraiment dans le travail, sans mesurer les conséquences éventuellement dramatiques pour le projet. On constatait simplement que des détails restaient à régler, qu'il fallait progresser techniquement et artistiquement. Mais jamais je n'ai eu le sentiment qu'on allait à la catastrophe, d'autant que nous sentions que la chaîne avait envie de s'investir totalement dans ce projet – ce qu'elle a fait, d'ailleurs. Et bien fait.

Avez-vous discuté de votre personnage avec les auteurs, histoire d'exprimer vos souhaits ?
C. H. / Non. Au départ, on a tous eu une bible, avec la description des personnages. Comme je coïncidais exactement avec Blanche, à leurs yeux, je suis vraiment restée au plus près des indications, qui par ailleurs me convenaient. Concernant les costumes, je les trouvais un peu dadame, et cette vision de l'institutrice ne me semblait pas nécessairement très juste, et même un peu conventionnelle. J'étais assez obéissante au début ! Au bout de trois ans, c'est évidemment plus facile, on maîtrise nos personnages, ils ont vécu plus d'événements que n'importe qui dans une vie entière ! Du coup, il m'arrive d'intervenir dans les dialogues, par exemple, parce que je sais que Blanche ne dirait jamais ça ! Idem pour les costumes.

Comment vous préparez-vous ?
C. H. / Je lis l'intégralité des scénarios que je reçois, pour savoir ce qui arrive à chacun avant de me concentrer sur ma partie. C'est d'ailleurs souvent perturbant d'apprendre des événements prévus qu'on n'a pas forcément envie de jouer : les accidents de mes enfants, par exemple, ou les conflits avec Johanna à propos de mon nouvel amant. Dix séquences de conflit avec sa fille, c'est un challenge, il faut les décortiquer pour privilégier des émotions différentes (colère, ressentiment, fatigue, angoisse) pour que la même dispute ne se répète pas. Parce que le principe du feuilleton veut qu'il y ait chaque soir des rappels de la veille ou de l'avant-veille. C'est un exercice difficile.

En conclusion, *Plus belle la vie*…
C. H. / … m'a apporté des amitiés avec Luna, Mirta, le clan Marci et bien d'autres, une stabilité professionnelle dans un milieu qui n'en a aucune et, même si j'aimerais remonter sur scène, vivre auprès de Blanche est un merveilleux cadeau. Oui, nous vivons des émotions extraordinaires avec ce feuilleton qui a, comme je l'ai dit à un journaliste islandais, la *« french touch »* !

Blanche, Cécilia Hornus

Johanna, c'est ce qu'on appelle une « adulescente » : déjà plus une enfant, pas encore tout à fait une femme. Mais suffisamment tout de même pour aimer et tomber enceinte de Rudy, le beau gosse du quartier, qui va en plus lui faire un enfant dans le dos en tombant amoureux d'une autre, Ninon. Johanna découvrira aussi à ses dépens qu'une mère exemplaire comme la sienne peut avoir des petits faibles sexuels pour d'autres hommes que son père qui, lui, faible, l'est assurément, mais n'est que ça. Un rôle fort pour Dounia Coesens, aussi joyeuse et spontanée dans la vie que son personnage ne l'est pas.

Johanna a-t-elle une influence sur Dounia ?

D. C. / Pas du tout. D'ailleurs, quand je découvre les textes, je me dis : « Oh la la, ça fait du bien de pas être comme elle ! » Je n'oublie jamais qui je suis même quand on m'aborde en m'appelant sans cesse « Johanna ». « Johanna » dans la rue, « Johanna » au travail, « Johanna » au restaurant. Mais c'était effectivement perturbant quand, à la mort du bébé de Johanna, tout le monde m'abordait en compatissant et en me demandant si j'allais garder des séquelles. Certains s'étonnaient que je n'ai pas de ventre et j'ai reçu des kyrielles de nounours par courrier. Aujourd'hui, quand on prononce le nom de Johanna dans la rue, je me retourne même quand ce n'est pas pour moi ! Et j'ai une telle connaissance de mon personnage que, pour apprendre mes textes, il me suffit de les lire plusieurs fois.

Donc plus de stress ?

D. C. / Si. Dans le cas de scènes particulièrement éprouvantes, comme la disparition de ma mère durant sept jours, je suis stressée par la crainte de ne pas être à la hauteur, de ne pas savoir traduire l'angoisse de Johanna durant cette période, une Johanna forcément détruite. C'est toujours le danger quand on veut se surpasser, mais c'est un stress motivant.

À vos yeux, il y a vraiment une famille *Plus belle la vie* ?

D. C. / Ah oui, l'ambiance est vraiment géniale entre les comédiens, même si on ne tourne pas tous ensemble (je n'ai par exemple jamais tourné avec Frémont). Oui, c'est vraiment une grande famille. D'ailleurs, on n'a pas le temps de se disputer ; or, on devrait, vu la pression qu'on a !

Et qui dit pression dit hygiène de vie à avoir, non ?

D. C. / C'est vrai que, lorsqu'on a des périodes de très grosse intrigue, on ne peut pas vivre à côté. Il faut se lever à six heures, rentrer chez soi le soir pour travailler les séquences des jours suivants, bref, se concentrer exclusivement sur le boulot. Moi, j'ai passé deux mois à faire six heures-minuit.

Alors *Plus belle la vie*, au final ?

D. C. / Une expérience irremplaçable et une aventure humaine qui m'ont beaucoup appris, techniquement et artistiquement. En fait, ça m'a vraiment forgée : j'avais 15 ans, j'en ai aujourd'hui 18, et cette aventure a été une école. Elle l'est toujours. Vraiment. Et puis c'est vrai qu'avant, j'habitais avec mes parents. Depuis trois ans, je vis seule, ce qui m'a donné une certaine maturité, tout comme la cohabitation avec des gens plus âgés.

Et vous n'avez pas peur que ce personnage vous colle à la peau ?

D. C. / Si, c'est la peur qu'on a tous. C'est sûr que, en France, les séries sont moins considérées que les films, et pour certains, un comédien de télévision n'est pas un comédien de cinéma. Qu'est-ce que je peux répondre à ça? On est tous comédiens, et si des professionnels ne veulent pas m'engager parce que j'ai été Johanna de *Plus belle la vie*, c'est qu'ils n'ont rien compris au métier de comédien. C'est la seule réponse possible.

Johanna, Dounia Coesens

Il est irréprochable, Thomas. Il est l'amant que les femmes rêvent d'avoir, et l'ami qu'elles souhaitent conserver une fois prévenues de son homosexualité. Il faut dire que, étant également physiquement irréprochable, il « emballe » tout les habitants du Mistral dès son arrivée au bar comme serveur. Oui, il enthousiasme et séduit tout le monde par son charme, sa beauté, sa gentillesse, ses capacités, qui incluent celle d'écouter les autres. Pourtant, ce natif du Lion, superbe et généreux, a un passé avec passif : sa mère a été assassinée, sa mère adoptive est morte au cours d'une quarantaine sanitaire, et le nouvel amour de son père est également tué. Un père longtemps inconnu, qui n'est autre que le patron du *Bar du Mistral* ! Bref, Thomas Lenoir, c'est un être attachant auquel son « double » Laurent Kerusore s'est attaché…

Changement de travail, changement de vie ?

L. K. / Oui, d'autant plus que, habitant toujours Aix au début, je faisais chaque jour la navette. Il y a six mois, j'en ai eu marre des embouteillages, et donc maintenant je suis dans une maison à Marseille. J'en suis très heureux et je compte m'enraciner ici. C'est hors de question que je retourne à Paris pour y vivre. Je suis breton et je serai toujours breton, mais Marseille est ma ville d'adoption. Contrairement à ce que j'ai pu entendre, je trouve les Marseillais super accueillants, et quand on termine le tournage à 16 heures, c'est formidable de pouvoir aller se baigner et s'endormir le soir en sachant qu'on aura du travail le lendemain. Je vous assure que, pour un comédien, c'est le grand luxe. Le luxe et non pas du confort. D'abord parce que notre métier reste un emploi précaire, et puis *Plus belle la vie*, c'est beaucoup de travail.

Justement, ce personnage de Thomas, vous le gérez comment, sur le tournage comme sur le plan médiatique ?

L. K. / J'avais prévenu que je refuserais de jouer un Thomas caricaturé. J'avais posé comme préalable et comme condition qu'il vive un véritable amour. Et je remercie les producteurs Michelle Podroznik, Hubert Besson et surtout les auteurs d'avoir respecté ça. Que *Plus belle la vie* ne ressemble pas à ce qu'on voit dans les autres séries où les homosexuels changent de partenaire comme ils changent de culotte. Il fallait que Thomas ait une véritable histoire. Et le public me prouve qu'on a eu raison.

Alors, *Plus belle la vie*, c'est…

L. K. / … une chance, magique. C'est pour ça que ça marche. J'ai entendu des gens dire que nous étions des comédiens de carton-pâte, cela ne fait pas plaisir, mais c'est surtout faux. Cela dit, l'image change un peu. C'est aussi une histoire d'amitié. J'écris une pièce pour Juliette et Nicolas, on est vraiment une grande famille, avec de petits groupes tous recentrés autour de la maman, la production, plus la production que la chaîne, hélas. J'ai envie de faire autre chose, tout en continuant *Plus belle la vie* parce que c'est une ambiance unique. Sur les autres tournages que j'ai faits, tout le monde se tire dans les pattes, les premiers rôles, les seconds rôles, les nanas. Chez nous, tout le monde est logé à la même enseigne, et c'est pour ça que j'espère rester le plus longtemps possible.

Thomas, Laurent Kerusore

Autant le dire, Mirta a été la spécialiste du double foyer. Cela ne signifie pas qu'elle est une bonne opticienne, simplement qu'elle a failli épouser le patron du *Bar du Mistral* sans savoir que son mari, qu'elle croyait décédé, était toujours vivant quelque part dans le monde… Patronne du *Select Hôtel*, elle a failli être conduite à une autre sorte d'autel, mais son intransigeance et son goût pour la morale ont eu raison du désir de son amant de l'épouser. Tout en coup de gueule, tout en coup de cœur. Avec sa fille Luna, c'est ainsi « je t'aime moi non plus » ! Mais c'est aussi un personnage attachant qui a élevé seul Rudy, le fils de Luna, dont il est par conséquent difficile de se détacher, et Sylvie Flepp, spécialiste des téléfilms et des séries (on l'a vue récemment dans *Mystère*) est à l'aise avec son personnage de femme courageuse qui avait jadis fui l'Espagne et un mari violent…

Il a l'air de vous avoir tout de suite séduite, ce personnage de Mirta…

S. F. / Oui, j'ai trouvé le rôle très bien écrit, et elle m'est apparue tout de suite intéressante, cette femme volubile, assez gaie, virevoltante, au caractère fort, la jeune cinquantaine. Je n'ai donc jamais eu d'exigence particulière. Il y avait tout, y compris un enjeu parce que, dès le départ, on découvre que cette femme a un secret : elle ne peut épouser celui qu'elle aime et on va en découvrir la raison au fur et à mesure.

Le rythme était plus soutenu encore au départ.

S. F. / Absolument. Aujourd'hui, contractuellement, nous ne pouvons pas tourner plus de huit séquences par jour, mais au début, on en tournait de douze à quatorze quotidiennement. Et il y avait encore les textes à apprendre le soir. J'avais perdu quatre kilos et, pour tout vous dire, j'étais très stressée, je n'avais plus de salive, au point d'être obligée de passer des examens médicaux… On pensait que j'avais soit du diabète, soit un problème de thyroïde ou de calcul des glandes salivaires. En fait, je n'avais rien de tout ça, j'étais juste stressée, et tout s'est rétabli avec des poudres de Perlimpinpin. Imaginez que, présents sur le plateau dès 6 h 45 le matin, on était encore souvent là à 19 h 45 le soir. Mais comme c'était une nouveauté absolue doublée d'un pari excitant, chacun de nous y mettait du sien. Et, parfois, il fallait faire si vite qu'on avait à la fois « sur nous » la coiffeuse, la costumière, le coach chargé de nous faire répéter et la maquilleuse. Moi qui suis déjà montée sur ressort, vous imaginez ! Cela dit, la participation de nombreux *guests* nous soulage beaucoup aujourd'hui, mais ce n'était pas le cas au début, où nous n'étions que quinze…

Quelles images fortes, en trois ans de *Plus belle la vie* ?

S. F. / Beaucoup de fous rires. J'ai un débit de mitraillette et, quand tout va vite, la machine s'emballe. Du coup, je glousse et on doit tout reprendre. Il arrive aussi que l'accessoire soit mal approprié : une fois, mon partenaire devait m'égorger, or il n'avait qu'un tout petit canif ridicule ! Une autre fois, je devais verser une poudre-poison dans une fiole au bout si étroit que c'était infaisable ; or, découvrant l'accessoire au moment du tournage, j'en mettais évidemment partout, ce qui provoquait à la fois agacement, stress et fou rire.

Et comment est l'ambiance ?

S. F. / Nous sommes une vraie troupe, une petite famille avec ses hauts et ses bas. Respectueux les uns des autres. Vraiment !

Mirta, Sylvie Flepp

« Juste quelqu'un de bien », disait la chanson… C'est exactement ça. Rudy veut être un type bien plutôt qu'un homme avec des biens. Et tous les habitants du Mistral sont contents, notamment sa grand-mère Mirta, qui l'a élevé, quand ce fou de musique plutôt incontrôlable décide de faire des études de médecine et s'intéresse plus à ses notes d'examens qu'à celles de la gamme. Tout en étudiant les artères et le cœur, ce fêtard découvre que le sien bat pour la belle Ninon, et qu'il a plus souffert qu'il ne le croyait de l'absence de ses parents dans son enfance. Avec leur réapparition, il va pouvoir régler ses comptes, avant de devenir justement celui sur qui on peut compter. Tout le Mistral lui souhaite bon vent, ce qui n'est pas pour déplaire au jeune comédien Ambroise Michel, 25 ans, dont neuf de carrière télé après de solides études théâtrales.

Quand vous avez accepté *Plus belle la vie*, vous avez, vous, le garçon de Meaux, dans la région parisienne, également accepté la délocalisation et la colocation avec votre camarade Geoffrey… Est-ce à dire que vous mesuriez déjà l'importance qu'allait avoir cette série ?

A. M. / Non, et je ne le mesure d'ailleurs toujours pas ! C'est d'ailleurs paradoxal parce que *Plus belle la vie* est un énorme carton incontestable mais appartient en même temps à l'éphémère. Si tout s'arrêtait demain au profit d'une autre série, le public s'y attacherait également. Mais j'espère en profiter encore longtemps. J'avoue aussi être fataliste. À l'époque où ça ne marchait pas trop, je me disais par exemple que c'était peut-être mieux que ça s'arrête, histoire que chacun d'entre nous ne soit pas grillé comme comédien. Et puis voilà, le succès est venu, et on est ravis bien que ça n'ait changé ni notre travail ni notre motivation.

Au final, qu'est-ce que vous retenez de ces trois ans déjà écoulés ?

A. M. / La fougue des débuts, quand on avait tous la lumière dans le regard, le feu, l'enthousiasme, l'envie de faire ! On était là pour défendre une aventure peu commune et prêts à se sortir les tripes. Maintenant, c'est forcément plus automatique, et comme on est plus nombreux, on perd logiquement un peu le côté petite tribu. C'est aussi logiquement plus tendu, avec un peu moins de chaleur humaine, même s'il en reste beaucoup, heureusement. En fait, on était dans une démarche de défense de projet, maintenant on est davantage dans une démarche commerciale, en même temps nécessaire et logique !

Vous n'avez pas peur d'être « bouffé » par votre personnage ?

A. M. / Non, moi, je n'ai pas de problème d'image, seuls mes proches savent qui je suis. Être catalogué ? Mine de rien, j'ai produit récemment une pièce de théâtre mise en scène par Richard Guedj, dans laquelle je jouais. Eh bien, les gens sont venus, étaient curieux, ont fait la part des choses, or j'y tenais un discours critique sur les stars éphémères. Ça prouve que ceux qui font le distinguo entre ce qui est populaire et ce qui est culturel devraient réfléchir davantage. Cela dit, c'est vrai qu'une partie du public était un peu déçue que je ne sois pas Rudy. Mais depuis peu et parce que je fais des choses en parallèle, les gens commencent à m'appeler Ambroise. Il arrive même que quelqu'un me dise : « Salut Rudy », et que quelqu'un réponde : « Il s'appelle Ambroise. »

Rudy, Ambroise Michel

Certains disent, familièrement, qu'elle était autrefois complètement piquée – mais ils sont peu à savoir à quel point c'était vrai puisque Luna Torres est une ancienne toxicomane qui a longtemps vécu en Argentine. En rejoignant le quartier du Mistral, elle va seconder Charlotte dans son atelier de styliste. Un rôle sur mesure pour elle qui revient d'une tournée en Amérique du Sud comme comédienne – un métier où, comme en couture, il y a des revers. Elle va en essuyer un avec son fils Rudy qui, considérant qu'elle l'a autrefois abandonné, la rejette d'abord. Lui, c'est un costume qu'il lui taille, avant de la découvrir… Autant dire que Luna est un rôle complexe pour Anne Decis,la jolie comédienne de 32 ans qui, au bout de dix ans de théâtre et d'emplois au cinéma, a rejoint l'équipe de *Plus belle la vie*… de fil en aiguille, bien sûr.

Le rythme est dense, notamment en ce moment pour vous…

A. D. / En fait, le rythme dépend de notre présence « dans l'intrigue » ou pas. Une intrigue, c'est la grande histoire lancée sur deux ou trois mois, l'histoire principale en somme. Là, effectivement, le rythme est très soutenu. À côté de ça, on peut être dans des intrigues secondaires où le rythme est beaucoup plus simple. Comme je suis justement « dans les histoires », je me lève grosso modo vers 6 heures. Un chauffeur de la production vient me chercher vers 7 heures, avec ensuite une heure de HMC (habillage-maquillage-coiffure), et puis je démarre le tournage de mes séquences. Aujourd'hui, il y en avait sept, ça veut dire que j'ai commencé à tourner à 8 h 15, que j'ai fini vers 15 heures. Et maintenant, je vais apprendre mes sept séquences pour demain, l'équivalent d'une heure de boulot à peu près. Je n'arrive pas à travailler comme certains de mes camarades, en apprenant le dimanche les séquences de toute la semaine. J'apprends la veille pour le lendemain, et tant pis pour les soirées qui sautent ! Cela dit, je mets aujourd'hui une heure là où il y a deux ans et demi, j'en mettais trois. La mémoire c'est comme un muscle : plus on apprend, plus on apprend vite. Et puis, on est stimulé par le fait que les équipes tournent, il y a sans cesse de nouvelle têtes, et des intrigues souvent excitantes à jouer…

Des exemples ?

A. D. / Je suis une grande rieuse donc je retiens tous les fous rires avec Mirta, Rudy, Nathan et Guillaume. C'était drôle de jouer toutes les petites mesquineries de la vie conjugale et familiale avec eux deux ! Après, certaines séquences sont plus difficiles, plus lourdes, avec des déplacements en extérieur et un investissement émotionnel plus important. Et comme mon personnage est sympa, les gens sont sympas, et m'abordent en disant : « Vous inquiétez pas, ça va s'arranger avec votre copain. » C'est toujours impressionnant de voir comme certaines personnes ne font pas le distinguo entre fiction et réalité ; comme ce type qui m'a hélée l'année dernière en hurlant : « Alors, Luna, tu es contente, il a eu son bac ton fils, on n'y croyait plus hein ? »

Vous regardez *Plus belle la vie* ?

A. D. / Oui régulièrement, c'est riche d'enseignements sur notre travail. Maintenant, il faut éviter d'être figé dessus parce que, dans ce cas, il y a un côté « vu d'avion » qui peut être plus bloquant qu'autre chose sur le plateau. Mais ce qui me restera de *Plus belle la vie*, plus tard, ce sont les rencontres humaines : là, il y a de belles histoires d'amitié avec les comédiens comme avec les techniciens. Et ce qui prouve que nous sommes une troupe avec une vraie entente, c'est que nous continuons tous à travailler en harmonie malgré un rythme démentiel. S'il n'y avait pas ce plaisir d'être tous là, ce serait impossible. Cela ne m'empêchera pas de faire une pause de trois mois à l'automne pour faire du théâtre, de partir pour mieux revenir.

C'est un ado vif, mais surtout à vif. Triste d'être avec un père qu'il suppose indifférent, d'être orphelin de mère (croit-il !) et en fait désespéré sans se l'avouer de n'avoir ni une famille comme il faut, ni même une famille comme il en faut. Du moins jusqu'à ce qu'il arrive au Mistral auprès de sa grand-tante Rachel, dans un quartier qui le recueille autant qu'il l'accueille. Ça ne lui suffit pas pour être heureux, mais ça l'aide à être moins malheureux… même s'il multiplie les provocations comme on lance des fusées de détresse. Bref, un anti-héros de 15 ans qui touche Thibaud Vaneck.

Quel genre de conseils vous prodiguait votre sœur, avec son année d'expérience au sein de *Plus belle la vie* ?

T. V. / Elle a surtout une très bonne formation théâtrale que je n'ai pas, ma sœur Aurélie. Elle m'a donc donné des conseils techniques et fait bien sûr bénéficier de son expérience. C'est en partant de sa façon de travailler que j'ai trouvé la mienne, mais j'ai aussi été aidé par l'évolution de mon personnage. Au début, Nathan était une tête à claques bornée et, sans nous consulter, les auteurs et moi avons fait plus ou moins le même travail pour le faire évoluer, en faire un garçon beaucoup plus rigolo et plus sympa. Aujourd'hui, c'est un type vraiment marrant à jouer, génial, gaffeur, attendrissant. Même dans les moments les plus tragiques, il est possible de mettre un peu de comédie, d'ajouter un peu de sourire et de rire dans les soupirs ! Chez moi, j'ai appris à bosser sur les phrases, à changer de temps en temps une expression, parce que je n'arrivais pas à dire des dialogues pourtant toujours très bien écrits…

Est-ce que vous regardez *Plus belle la vie* ?

T. V. / Il m'arrive de tomber dessus et de souhaiter voir comment Malik a réussi à se sortir de telle intrigue, par exemple. Mais c'est surtout parce que c'est mon pote, qu'ils sont tous mes potes, et que j'ai envie de savoir comment ils ont travaillé. C'est tout de même un outil génial pour progresser, *Plus belle la vie*. Comme il n'y a qu'un mois de décalage, on a la possibilité d'un rétro-contrôle sur ce qu'on a fait, à la différence notamment d'un long métrage qu'on tourne durant trois mois, qui passe deux ans après et sur lequel on peut plus rien faire. Là, c'est vraiment une bonne école parce qu'on peut se corriger, donc évoluer. J'ai par exemple pu rectifier un défaut que j'avais : le regard fuyant quand je regardais mes partenaires, ce qui enlevait de la force à certaines situations. J'ai aussi pu modifier un autre détail, le fait que je n'articule pas. Quand je me regarde, je ne me comprends pas toujours ! Je fais des exercices de diction, le truc classique, travailler avec un stylo ou avec un bouchon dans la bouche. Mais j'aime mon personnage qui touche tous les ados. Nathan, c'est le copain ou le gamin de tout le monde.

Alors *Plus belle la vie*…

T. V. / … est la meilleure école dont je pouvais rêver. Dont je peux encore rêver. Pour l'instant, je n'ai aucune raison de partir, d'abord parce que cette école m'a en plus apporté une vraie famille. Maintenant, j'aimerais une scène avec ma sœur, d'abord parce qu'on a une vraie complicité, ensuite parce que c'est une super comédienne. Et je pense que mon grand-père, Pierre Vaneck, est fier de nous. Mon modèle de carrière, c'est lui. Il travaille pour le théâtre, le cinéma, la télévision, il est très reconnu dans le métier, c'est l'un de nos plus grands acteurs, et j'aspire à suivre ses traces, mais là, la barre est très haute. En attendant, je veux juste suivre ma petite route en m'amusant le plus possible.

Nathan, Thibaud Vaneck

Comme l'écrivain Oscar Wilde, Ninon résiste à tout sauf à la tentation. Elle exige donc des autres une fidélité amoureuse qu'elle n'observe pas toujours elle-même. Outre son grand amour « yoyo » avec Rudy, elle va aimer successivement Driss-le-fidèle, William-le-volage et surtout un certain Marc, un artiste-peintre que personne au Mistral ne peut justement voir en peinture. Et pour incarner cette jeune étudiante en journalisme, attachante, qui a « des principes par principe », la production a choisi une jeune comédienne de 24 ans, Aurélie Vaneck. Elle a commencé sa carrière en 2002 avec un court-métrage. Et passer du court-métrage au long feuilleton, voire au feuilleton-fleuve, a été une vraie surprise pour elle.

Et la préparation de votre personnage ?

A. V. / Je fais une première lecture intuitive annotée le week-end, avec les césures pour le rythme, et là, je suis toutes les scènes dans l'ordre pour avoir l'histoire en mémoire. Je fais ensuite une deuxième lecture plus en profondeur, et c'est là que j'adapte les répliques qui me gênent, trop littéraires pour être « mises en bouche ». Il ne faut pas oublier que les auteurs changent et certains, parce que Ninon a 20 ans, la font parler comme une fille qui connait cinquante mots de vocabulaire… Eh bien non, c'est une future journaliste qui connaît pleins de mots du dictionnaire !

Une journée type d'Aurélie ?

A. V. / C'est variable, ça va dépendre du nombre de séquences. Il y a des jours où il y a huit séquences à tourner et, dans ce cas, je me lève une heure plus tôt et je prends un petit-déjeuner copieux parce que je sais qu'il va falloir tenir toute la journée. Et puis, il y a les jours où je n'ai que deux séquences et où je me débrouille pour faire du sport. Bizarrement, quand on travaille toute l'année, on s'organise pour faire d'autres choses, alors que, sur un tournage de trois mois, on se concentre et on ne fait que ça. En conclusion, pas de journée type mais une heure à une heure et demie de préparation le matin. Et mon moment préféré, c'est quand je descends en profondeur dans mon personnage durant le tournage.

Un personnage qui est volage…

A. V. / Pas du tout, Juliette peut être volage mais Ninon a des coups de foudre qu'elle vit chaque fois à fond. Et en ce qui me concerne, rien de passionnant à côté, on a tous une vie privée et on ne se mélange pas trop de ce point de vue (rires). Dans l'ensemble, du moins. Cela dit, le public m'a pendant longtemps demandé des nouvelles de ma relation avec Rudy. Tout se passe en plusieurs temps par rapport aux fans. D'abord tu recherches les regards, ensuite tu les évites. Aujourd'hui, je le vis beaucoup plus sereinement, c'est moins Ninon et plus Aurélie qu'ils arrêtent. Et puis j'ai trouvé quelques formules à dire pour les moments où je suis pressée. Mais la vraie conclusion est que le pouvoir de la télé est absolument incroyable. Ça sidère mon grand-père Pierre, qui vient du théâtre. Il me fait d'ailleurs ses commentaires, notamment sur la nécessité de rester vigilant, quand il tombe sur le feuilleton. Quant à mon frère Thibaud, je suis fascinée par son intelligence, sa faculté d'adaptation, sa facilité, sa finesse : il n'avait aucune expérience mais, quand il a passé les essais, il a tout de suite été évident que Nathan, c'était lui. Lui aussi est un littéraire : chez nous il n'y avait pas la télé !

Ninon, Aurélie Vaneck

C'est sûr, Vincent est un architecte pour qui il est plus facile de construire des maisons qu'une relation durable. Il déteste en effet le changement, sauf en amour, et, même s'il s'installe au Mistral dans un loft qu'il a lui-même conçu, il continue à bâtir sentimentalement beaucoup de châteaux en Espagne. Parti de rien et un temps arrivé à tout, il a même parfois un côté parvenu ! Néanmoins, mauvais caractère-bon fond, il attire la sympathie, et on souhaite le voir heureux avec sa fille Ninon et la douce styliste Charlotte, qu'il adore tout en accumulant là aussi les tuiles – si on ose dire pour un architecte. Il est joué avec talent par Serge Dupire. Cet acteur québécois, né en 1958, vu récemment dans le feuilleton de M6 *Suspectes*, n'a pas arrêté de tourner depuis 1979, et depuis 2004 il aime être Vincent !

C'est la productrice Michelle Podroznik qui vous a fait passer le casting. Vous avez, dit-on, été moins surpris par le projet que par son horaire de diffusion.

S. D. / Oui. Quand ils m'ont dit : « On fait une quotidienne qui va passer durant le journal », j'ai été sidéré : « Vous êtes tarés ou quoi ? Le 20 heures, c'est une tradition en France. » C'était si gonflé que j'ai eu envie d'y aller. Le rythme du feuilleton ne m'effrayait pas, j'en ai tourné au Canada et aux États-Unis et je n'ai aucun problème pour apprendre un texte très rapidement.

Il paraît que vous avez été aussi le premier à croire au succès quand ça ne marchait pas :

S. D. / Oui, dès le début, j'étais sûr que ça deviendrait un phénomène. Je refuse d'ailleurs de dire que la série ne marchait pas ; elle n'atteignait certes pas les objectifs fixés, mais elle marchait très bien. Le contenu a ensuite été modifié, ce qui a contribué au succès, mais si j'étais optimiste, c'est que, partout dans le monde, ce genre de produit trouve preneur.

Rien ne vous a donc surpris ?

S. D. / Si, la promotion. D'autant que la production avait évité d'engager des vedettes vampirisant la série, au profit d'une troupe capable de bosser vite et bien ensemble. Avec d'autant plus de mérite de s'y mettre vite que la semaine de répétitions a été épuisante. Nous avons rencontré une centaine de personnes, et il a également fallu se faire au principe de travailler avec des équipes changeant toutes les semaines.

Il paraît que les premiers jours de tournage étaient folkloriques.

S. D. / Oui, on n'avait pas d'endroits pour se changer, on était en plein apprentissage du rythme et on tournait beaucoup moins vite que maintenant. Mais on avait en revanche une excitation et une foi, forcément moins fortes aujourd'hui que la mécanique est formidablement en place. Nous avons également appris à nous adapter aux dialogues. Dès le départ, certains étaient remarquablement écrits, d'autres plus difficiles à dire pour nous, et dans ce cas on s'aidait beaucoup, Rebecca Hampton et moi. Dans la journée,on tournait ensemble, et le soir on se faisait répéter nos textes.

Même si vous l'aviez prévu, le phénomène ne vous a pas étonné par son ampleur ?

S. D. / Oh si ! On fait partie des meubles pour les téléspectateurs. Partout, les gens nous arrêtent dans la rue. Et selon la mairie de Marseille, on aurait fait augmenter le tourisme local de 17%. Les gens débarquent pour voir le Mistral et nous voir. Même à Montréal, je me fais régulièrement arrêter par des Français en vacances.

Si vous aviez à définir *Plus belle la vie* en trois mots

S. D. / Travail, travail… et travail. Et puis plaisir, plaisir et plaisir. Plus la générosité, la magie, l'amitié. Plus, enfin, une atmosphère bon enfant rendue possible grâce au comportement de tous, notamment des équipes techniques. Et pour moi aussi, avec cette aventure, elle est « plus belle la vie ».

Vincent, Serge Dupire

Quand on dit que Samia n'a pas toujours été à la noce, c'est moins pour faire un mauvais jeu de mots que pour souligner le fait qu'elle a naguère refusé le mariage arrangé par ses parents en Algérie. Et quand on ajoute que, couvée par tout le Mistral, Samia ne fait pas de quartier, c'est simplement pour préciser que cette rebelle de 18 ans est prête à tout pour venir en aide à ses amis. L'inverse est d'ailleurs également vrai. Samia, sœur de Malik l'avocat, est en fait un bijou, mais du genre « diamant brut » un peu tranchant, un rôle qui plaît à la comédienne Fabienne Carat.

Quand on arrive dans une troupe déjà constituée, qui a ses habitudes, comment ça se passe ?

F. C. / Je me suis tout de suite concentrée sur le travail. Heureusement que j'avais tourné dans *Bin'O Bine* avant, encore plus « dificille » que *Plus belle la vie* au niveau rythme de tournage, sauf que dans *Bin'O Bine* nous n'étions que huit comédiens à faire 26 minutes par jour (il m'est arrivé de tourner jusqu'à 16 séquences par jour). Dans *Plus belle la vie,* tout est immense : les décors, la famille, etc. Notre directeur d'acteurs Richard Guedj a d'ailleurs été plutôt dur avec moi. Au départ, il me testait pour voir si je connaissais bien mon personnage et notait tout ce que je disais. C'était bien sûr pour voir ce que j'avais dans le ventre, il s'en est d'ailleurs excusé et aujourd'hui on s'adore. Ce qui m'a en fait beaucoup aidée, c'est d'avoir fait de l'intérim en hôtellerie, un milieu très difficile où j'arrivais au milieu d'équipes déjà formées et où les filles me toisaient : la difficulté des rapports humains, je connaissais. Je me rappelle que le premier jour où j'ai rencontré Aurélie (Vaneck), elle m'avait regardée en me demandant : « T'as quel âge ? » J'ai répondu 25 ans (soit huit ans de plus que mon personnage). C'est vrai qu'avec le jeu et tout ce qu'il y a autour, c'est une chance de pouvoir paraître très jeune à l'écran ; alors que j'ai vraiment des allures de femme dans la vie (c'est peut-être ce qui avait « surpris » Aurélie !). J'ai perdu 18 ans en 6 mois quand j'ai quitté le rôle de Meriem, 35 ans, dans *Bin'O Bine,* pour celui de Samia, 17 ans.

Comment se passe une journée type ?

F. C. / Il n'y a pas de journée type. Suivant le nombre de séquences à tourner, la journée peut commencer à six heures du matin comme à quatorze heures. Quoi qu'il en soit, à notre arrivée, nos costumes pour la première séquence à tourner nous attendent sur cintres. Ce sont des vêtements achetés avec la chef-costumière ou par elle seule. Après essayage, les tenues sont validées par notre directeur artistique. Chaque matin, après l'habillage, nous allons soit au maquillage, soit à la coiffure. Le coiffeur fait une photo qui servira aux raccords pour les séquences d'un même épisode tournées un autre jour. Ils n'ont d'ailleurs « pas de chance » avec moi pour les raccords parce que j'ai une mémoire de « psychopathe » : si ce n'est pas la bonne taille de fer à friser, si le cheveu n'a pas été frisé de la même façon, je le sens toujours et je dois être leur cauchemar, parce que je le signale toujours. Avec moi, les coiffeurs s'arrachent les cheveux (rires). Mais, en conclusion, j'adore tout dans mon métier : apprendre mes textes, les rapports humains, le travail en équipe, faire vivre mes personnages, donner la réplique aux autres comédiens…

C'est votre deuxième rôle d'Algérienne alors que vous êtes du sud de la France…

F. C. / Oui, en fait, j'ai découvert que j'étais typée en arrivant à Paris en l'an 2000 : tous les Algériens me parlaient en algérien, dont je ne comprenais évidemment pas un traître mot. Au début, j'en ai souffert professionnellement parce que j'étais toujours soit un peu trop typée, soit pas assez. Aujourd'hui, c'est ma force, je peux jouer plein de personnages d'origines différentes. Il suffit de raconter une histoire… D'ailleurs, j'ai fait plein de photos en jouant des personnages différents (en blonde, Italienne, Espagnole, Chinoise).

Samia, Fabienne Carat

Ça n'étonnera personne que Malik soit du signe du Bélier : il fonce sans cesse, ce garçon de 27 ans né dans une famille d'origine algérienne issue du regroupement familial, dans les quartiers nord de Marseille. Il aime porter le costume-cravate comme d'autres l'uniforme et ne laisse justement personne lui tailler, comme on dit, un costard. Il évite aussi de prendre une veste, sauf si elle sort de sa penderie, et son goût pour l'habit d'homme parti de rien sans être ni revenu de tout ni parvenu ne l'empêche pas de très bien porter la robe. Celle d'avocat, bien sûr. Il est d'ailleurs un bon magistrat, ni « manche » ni partisan de l'effet de manche. Il réussira à « récupérer » le cabinet de son patron vénal et véreux, l'affreux Frémont, mais son assurance au travail ne l'empêche pas de mal gérer ses amours avec des filles « de la haute ». Ça se passe mieux avec la jolie serveuse Mélanie, pétillante comme ses boissons. Une évolution de carrière amoureuse qui réjouit Sofiane Belmouden, sacré trublion de *Plus belle la vie.*

Vous, le Marseillais, faites-vous partie de ceux qui ont essuyé les plâtres ?

S. B. / Absolument. C'est exactement ça, j'ai essuyé les plâtres. La série et moi avons commencé ensemble. Je ne savais pas exactement ce qu'était ce feuilleton et ma première idée, c'était de trouver du boulot. Je tenais à passer le casting parce que c'est rare, dans la région, d'avoir une audition pour un rôle récurrent ou un premier rôle. Donc « avoir un casting », comme on dit, c'était bien, mais je ne savais pas dans le détail ce qu'était cette aventure. Cela dit, même si c'est formidable d'avoir le travail qui sonne à sa porte, j'ai ressenti le besoin de prendre trois mois de congés parce que j'étais usé. C'était nécessaire pour me relancer convenablement dans la quatrième saison. C'est incroyable ce qu'ils sont passés vite, ces quatre ans, et on pouvait d'autant moins deviner le succès que cela avait très mal démarré.

Qu'est-ce qui reste en priorité de ces trois premières années ?

S. B. / Beaucoup de travail, de concentration, mais dans le bon sens. C'est du bonheur. C'est un métier qui me plaît, que j'ai la chance de faire à Marseille, et j'ai aussi la chance d'être sur le terrain presque tous les jours, donc de pouvoir m'améliorer, ce qui est un bonheur supplémentaire. La première étape a été de trouver ma place, d'abord dans l'équipe, ensuite pour cerner la psychologie de Malik. Au début, je ne savais pas trop comment le prendre, ce personnage pris dans des intrigues rocambolesques, et c'est vrai que nous discutons beaucoup de son évolution avec l'équipe.

Comment abordez-vous les journées de tournage ?

S. B. / Le moment fort, c'est quand on dit « action ». J'essaie de garder mon énergie pour ce moment-là. C'est-à-dire que je ne fais pas grand-chose en dehors. Je me concentre sur les textes, je regarde beaucoup de films pour progresser, et tout converge vers ce moment, sur le plateau, où il faut y aller. Chacun ses petites manies, moi ma technique est simple : je travaille mes textes du jour pour le lendemain. Je fais appel à la mémoire à court terme, c'est plus digeste pour moi.

Et l'ambiance en dehors des tournages ?

S. B. / C'est sympa quand on se voit de temps en temps. C'est de plus en plus difficile à cause des emplois du temps, du fait que nous sommes de plus en plus nombreux, que beaucoup n'habitent pas à Marseille. Du coup, c'est de moins en moins évident de se rencontrer, mais c'est sûr que l'ambiance est bonne et que tout se passe bien. Quant à la notoriété dont on nous parle beaucoup, elle concerne nos personnages, pas nous. C'est eux qu'on aborde dans la rue, pas nous. Elle n'est pas réelle. Cette notoriété-là ne m'intéresse pas, on verra quand je porterai un projet sur mon nom. En attendant, j'ai encore la possibilité de progresser sur *Plus belle la vie.*

Malik, Sofiane Belmouden

Le casting
J'ai fait mon casting à Paris. Au bout du 3e essai, j'ai rencontré Michel Cordes. Avec lui, ça a de suite collé, on s'est très bien entendus dès la première minute, comme quoi le des destin est bien fait… Trois, quatre jours après, j'ai reçu un coup de téléphone pour me dire que j'étais engagée. J'étais aux anges! Des questions se posaient. Est-ce que je laissais tout tomber à Paris pour vivre à Marseille ou est-ce que je faisais des allers-retours ? Je vivais déjà avec mon fiancé qui travaillait dans l'éducation nationale. Finalement, nous avons quitté notre appartement, mon fiancé s'est fait muter et nous avons changé de vie.

L'arrivée à Marseille
Lors de la visite des studios, j'étais très impressionnée, j'en suis restée bouche bée.

Le premier jour de tournage
J'étais très stressée, je ne savais pas où j'allais avec mon rôle. Les tournages sont très intensifs. Dans une série, habituellement, on tourne pour 2 ou 3 minutes utiles par journée. Pour *Plus belle la vie,* c'est 17 minutes.

La préparation
Je travaille beaucoup. Tous les week-ends, j'enregistre les répliques des autres acteurs. Ensuite, je fais des italiennes avec mes enregistrements… Et tous les soirs, je révise pour le lendemain, je travaille environ une à deux heures tous les soirs, et trois à quatre heures chaque samedi et chaque dimanche.

La vie sur le plateau
J'aime beaucoup le personnage de Mélanie, c'est un rôle très complet. Elle communique de nombreuses émotions différentes et ça me plaît... Et lorsqu'on arrive au studio, nous retrouvons nos ami(e)s costumières, maquilleurs et coiffeurs. C'est toujours un plaisir de papoter et de se détendre avant le boulot. Puis, en route pour l'aventure. Mon mari m'encourage sans cesse, et donne tout le temps son opinion sur mon jeu, qu'il soit positif ou négatif, il est très sincère.

Son personnage
J'aimerais qu'elle devienne moins naïve, plus mûre, plus femme. J'ai un rôle en or. J'y tiens beaucoup. Ma vie a complètement changé. Je suis très heureuse et épanouie, et surtout j'adore aller travailler, ça ne me dérange pas de me lever à 5 heures 30 parfois pour le travail que j'aime et pour retrouver l'équipe de*Plus belle la vie*. Mon plus beau souvenir est le jour du tournage du cauchemar de Mélanie. Richard Guedj m'a beaucoup aidé. Il m'a dit de faire le vide, de ne penser à rien. C'est ce que j'ai fait, et je me suis vraiment identifié au personnage de Mélanie.

Mélanie, Laetitia Milot

Elle a 75 ans de bonne santé et de mauvaise foi, une capacité d'indignation intacte et un authentique amour des autres qui fait qu'on lui pardonne de se mêler de leurs affaires. Elle a beau être du signe du Taureau et foncer parfois tête baissée, c'est surtout une fine mouche qui aime croiser et les mots et le fer quand elle l'estime nécessaire. Cette communiste n'a pas échappé à tout, mais elle a autrefois échappé au pire, à une rafle dans le quartier marseillais du Panier qui avalu la déportation à sa famille en 1943, une famille disparue en camp qu'elle supposait morte au champ d'horreur. Jusqu'à ce qu'elle voit apparaître Guillaume, le fils de sa sœur officiellement disparue. Bref, Rachel est un personnage haut en couleur, qui ne pouvait être incarné que par un autre personnage haut en couleur, Colette Renard, l'une de nos plus grandes artistes, qui prend depuis cinquante ans un médicament homéopathique pour lutter contre le trac. À 83 ans, elle connait la musique et la chanson, vu qu'elle a rendu mondialement célèbre *Irma la douce* et obtenu plusieurs grands prix internationaux. Également comédienne, elle a tout osé, y compris enregistrer un disque de chansons grivoises où elle appelle un chat… une chatte ! Et jouer Rachel, elle adore.

Vous aviez souhaité rejoindre *Plus belle la vie* pour survivre à un drame familial, la mort de votre mari. Vous avez tout de même été surprise d'être choisie après un casting que vous estimiez raté, mais est-ce que vous vous rendiez compte que vous vous embarquiez dans une aventure de plusieurs années ?

C. R. / Ah ! pas du tout. Je partais travailler à Marseille avec la volonté de me sortir de mon potage. C'était mon sauvetage ! À ce moment-là, *Plus belle la vie* m'a vraiment sauvé la vie. Cela faisait un an et demi que je pleurais sans m'en sortir ; j'allais au gouffre et ça, je le savais ! Seulement, comme j'aime la vie, la vie a fini par s'accrocher à moi quand j'ai demandé de l'aide à mon agent !

Quand on est un monstre sacré, quels peuvent être les rapports avec les auteurs ?

C. R. / Vous savez, j'étais dans un environnement de gens qui ne savaient pas très bien qui j'étais. Les auteurs ont d'ailleurs tâtonné au départ, ils nous ont demandé gentiment, presque humblement, ce que nous souhaitions, et puis ils ont cerné les personnages. Chaque auteur avait les siens et, personnellement, je n'ai jamais eu de choses difficiles à faire. Évidemment, critiquer l'Église, ça m'a été difficile au départ vu que je suis croyante, mais Dieu sait que je n'ai pas chanté des choses pieuses dans ma carrière ! (rires) C'est bien de changer de chemise.

Des images fortes ?

C. R. / Plusieurs. La première, ça a été ma première scène avec Laetitia Milot. Elle était dans le bar, elle pleurait, et si bien que j'ai cru à son chagrin. Du coup, je n'ai pas pu continuer. J'avais d'ailleurs demandé aux auteurs de me prévoir des scènes où je devais me sortir les tripes, mais on m'a fait comprendre avec raison qu'à mon âge, il est difficile d'avoir des aventures, et c'est vrai que, à 80 ans, qu'est-ce que vous voulez qu'il m' arrive ? Il n'y a plus de galipettes, plus d'émotions sentimentales profondes, il y a de l'amitié. Tous les sentiments sont entourés de coton, mais je suis privilégiée : je mange ce que je veux, je bois ce que je veux, je marche sans béquille, je vais travailler l'esprit léger… Les auteurs ont raison. Jouer les James Bond, c'est un peu tard pour moi. Je ne vis pas en dehors du monde, je le survole, et je suis surprise que les gens me rappellent sur moi et ma carrière des choses que j'avais totalement oubliées.

Est-ce parce qu'il est amateur de cigares ? Ce quinquagénaire est justement de tous les coups fumants, voire fumeux… Ex-avocat devenu homme d'affaires, il est aussi affairé qu'affairiste et s'y connaît d'autant plus en barreaux qu'il a connu ceux de la prison pour malversations. Il ne recule en effet devant rien, surtout pas le pire. Mais ce JR de la Canebière est également capable de sentiments derrière les ressentiments. D'où l'intérêt d'Alexandre Fabre, comédien chevronné venu du théâtre, pour son personnage, marseillais comme lui.

C'est vrai que, pour vous, travailler à Marseille, c'est comme une suite logique…

A. F. / Oui, j'ai vécu longtemps à Marseille où j'ai fait du théâtre. Le projet *Plus belle la vie* m'intéressait parce qu'il avait une forme particulière, quotidienne, qui nécessitait une troupe, et moi j'adore travailler en troupe, sur la durée, avec des comédiens partageant les mêmes espoirs et le même but. Comme mon copain Richard Guedj, avec qui j'ai fait du théâtre à Marseille il y a trente-cinq ans, bossait déjà sur ce projet, je lui ai demandé si « quelque chose » pouvait me correspondre dans la distribution. Or, tout était quasiment attribué, à part un personnage-apparition que j'ai refusé après casting, et celui de Charles Frémont, père de Juliette et de Céline, qui devait rester un mois ou deux à l'antenne.

Et vous étiez à l'aise avec un tel personnage ?

A. F. / Je savais simplement que je devais jouer un sale type, et j'avoue que j'en ai fait des tonnes. Étant théâtreux, j'ai un peu de mal à entrer dans le moule télé, et la production me disait : « N'en fais pas trop, mollo. » En fait, je voulais absolument prouver que Frémont était essentiel à la série (rires). Résultat : il devait rester deux mois, et je suis toujours là !

Quelques images fortes en tête ?

A. F. / Dans une séquence, je devais me déclarer à mon grand amour, Luna, et le coach n'était pas d'accord avec la façon dont je voulais jouer. J'en ai fait à ma tête, je l'avoue, et c'était si chargé d'émotion douloureuse que le cadreur avait ensuite baissé sa caméra pouce en l'air, très ému. C'était une belle récompense. J'ai aussi le sentiment d'avoir trois filles, la mienne et celles de *Plus belle la vie*. J'étais par exemple très fier que Juliette soit venue me voir jouer à Avignon, et qu'elle ait ensuite dit : « Je suis très fière de mon père. »

Vous n'avez pas peur que ce rôle vous nuise en vous collant à la peau ?

A. F. / Je vais vous dire, je serais le plus heureux des hommes si *Plus belle la vie* pouvait durer encore dix ans. Et mes parents, hélas morts l'an dernier, étaient ravis. « Enfin, tu as réussi et tu es célèbre » me disaient-ils. J'avais beau leur rappeler que je vivais de mon métier depuis trente ans, ils avaient le sentiment que ça marchait « enfin »…

Et le succès de *Plus belle la vie*, vous l'expliquez comment ?

A. F. / Il y a un déficit de liens sociaux. Les gens ne se parlent plus, ne se connaissent plus, et, à travers *Plus belle la vie,* ils retrouvent ce rêve de lien social. C'est comme une vie supplémentaire qui s'ajoute à leur quotidien, avec des problèmes qui sont leurs problèmes. Un jour, le barman divorcé du TGV m'a avoué que le seul lien qu'il avait avec son ex-femme, c'était notre feuilleton. Chacun d'eux le regardait séparément avec leur fille, et ils arrivaient à évoquer leurs différends par ce biais, en en discutant. Je connais également des familles, françaises comme maghrébines, qui débattent de chaque épisode, mais aussi des profs, y compris de vieux enseignants anars !

Frémont, Alexandre Fabre

Céline a beau être du signe de la Balance, le moins qu'on puisse dire est qu'elle a du mal à trouver son équilibre. Patronne ambitieuse de l'entreprise familiale de construction Phénicie, elle balance justement entre le désir de réussir sa carrière pour épater son père, Charles Frémont, et celui de réussir sa vie de femme. Mais mariée ou pas, elle ne sera jamais à la noce avec les hommes de sa vie. Et inversement. Un rôle de composition pour Rebecca Hampton qui, elle, n'a été «*Incontrôlable*» qu'au cinéma, en 2006. On peut même aller jusqu'à dire que, pour elle, *Y'a que la vérité qui compte*, du nom de l'émission qu'elle animait naguère encore auprès de Pascal Bataille et Laurent Fontaine sur TF1.

Comment passe-t-on d'une émission qui marche comme *Y'a que la vérité qui compte* à un feuilleton qui, au début, ne marche pas?

R. H. / Comme je suis émotive, j'étais triste de quitter l'équipe de *Y'a que la vérité qui compte,* d'autant que, n'est-ce pas, on sait ce qu'on quitte sans savoir ce qu'on va trouver. Mais l'échec d'audience de départ ne m'a pas perturbée, parce que je ne m'y intéressais pas. En fait, j'avais l'impression d'être dans un radeau super brinquebalant, avec la nécessité de se battre pour que ça marche. Or, étant une battante, je me disais : «Ça va marcher.» Et on bossait comme des tarés… On bosse toujours comme des tarés, d'ailleurs! Parce que, maintenant que ça marche, faut pas que ça retombe!

Et le premier contact avec l'équipe, puisqu'on parle d'une troupe chorale

R. H. / Bon, on était presque tous dans le même cas : une bande qui ne se connaissait pas dans une ville qu'elle ne connaissait pas, avec des habitudes de travail qu'elle ne connaissait pas. Au début, on restait toujours groupés : on mangeait ensemble, on répétait ensemble, on travaillait ensemble, on dormait très peu, on se soutenait beaucoup, d'autant qu'on revenait du tournage déprimés. Ça allait vite, nous étions trempés de sueur faute de clim et de vêtements de rechange, et puis petit à petit chacun a «vécu sa vie» et vu un peu moins les autres… Ce qui est normal…

Et l'évolution de votre personnage, vous en avez discuté avec les auteurs?

R. H. / En fait, tout a été calme durant les trois premiers mois, ce qui m'a permis de prendre mes marques, et puis d'un coup, d'un seul, ils ont décidé que Céline était maniaco-dépressive, alcoolique, droguée, totalement allumée, quoi! J'étais autant ravie que surprise! Je lisais le scénario en me disant : «Qu'est-ce qui arrive encore à cette pauvre fille?» Et si je n'ai jamais rien eu à dire aux auteurs qui viennent parfois à Marseille pour discuter avec nous des personnages, c'est parce que je suis ravie et que je m'éclate. Ma seule petite appréhension était de ne pas pouvoir faire ressortir le côté sensible de cette femme, qui attaque parfois au flingue et au couteau, et j'ai compris que c'était gagné quand les gens m'ont abordée gentiment pour me dire : «On vous comprend, vous êtes si fragile.» Une anecdote le prouve : je me baladais avec Serge (Dupire) et les gens nous abordaient en lui disant : «Vous êtes dur avec elle.» Or, la veille, j'avais quand même essayé de tuer sa fille! Et figurez-vous que Serge, que cela faisait rire au début, était super agacé : «C'est dingue, ils te passent tout!»

Serge, dont vous avez partagé la vie?

R. H. / Oui, nous avons été très amoureux, nous avons toujours une vraie complicité, et les gens ont eu beaucoup de mal à admettre que j'étais Rebecca et que j'aimais non pas Vincent Chaumette mais Serge Dupire, bien plus intéressant d'ailleurs. Je me souviens de certaines séances de travail hallucinantes à la maison. On roucoulait et tout d'un coup on répétait et je devais hurler : «Tu n'es qu'un salaud!»

Céline, Rebecca Hampton

Juliette Frémont collectionne les provocations comme d'autres les cochons en faïence, mais elle est à la fois la fille d'un escroc et la petite-fille d'un collabo. Peut-être est-ce parce qu'elle est du signe du Poisson qu'elle sait nager entre deux eaux sans jamais toucher le fond, mais, quoi qu'il en soit, Juliette Chêne est ravie de jouer cette indépendante « attachiante » pour son premier grand rôle…

Premier grand rôle obtenu comment, puisque vous n'aviez jamais joué ?

J. C. / J'étais en école de théâtre avec Aurélie Vaneck et, en sortant d'une représentation en matinée, elle avait un message lui demandant de contacter son agent pour signer une série. Quelques mois plus tard, je suis allée la voir dans le Sud. C'est là qu'elle m'a dit que la série qu'elle tournait était un truc de folie, qu'il restait des rôles à répartir et que je devais envoyer un CV. J'ai passé un essai en août, trois jours après j'étais dans la série pour trois jours. Puis de nouveau trois jours un mois plus tard et, au bout de six mois, on m'a proposé un contrat sur le long terme…

Et l'évolution de votre personnage vous convient ?

J. C. / Nous sommes peu consultés pour l'écriture des histoires et, lorsqu'il nous arrive de rencontrer les auteurs, c'est plutôt pour parler de ce qui a été fait. En ce qui me concerne, je trouve certains dialogues difficiles à dire. Quant au personnage de Juliette, j'ai trouvé qu'il n'évoluait pas beaucoup en deux ans, mais comme c'est un personnage-tampon entre plusieurs autres, j'ai l'avantage de tourner avec beaucoup d'acteurs différents, notamment les *guests*. Et j'espère qu'on va lui éviter l'embourgeoisement.

Et le côté équipe, troupe, que tout le monde souligne ?

J. C. / Il nous arrive de nous retrouver entre acteurs mais il est rare d'être tous réunis… Mais il n'y a pas un matin où je me sois levée sans l'envie d'aller sur les plateaux et d'interpréter Juliette Frémont. Le public aussi est touchant mais également stressant parce que c'est parfois difficile de répondre à ses demandes affectives. Il faut bien dire aussi que c'est un milieu où on est jugé en permanence, par le public, les pros, les amis.

Alors, en conclusion, *Plus belle la vie*, c'est…

J. C. / … énorme ! Une expérience unique. Je ne pense pas revivre ça un jour. Et puis, Marseille, qui n'est pas une ville si facile à apprivoiser que ça, est si fascinante que j'envisage de continuer à y vivre même après *Plus belle la vie*.

Juliette, Juliette Chêne

Ce capitaine de police plutôt tenace est au Mistral ce que Lucky Luke est au Far West : un solitaire qui n'attend plus grand-chose des autres mais les aime bien quand même. Il est plutôt fataliste, du style « quand le vin est tiré, il faut le boire », une chose qu'il évite pourtant… Léo est en effet un ancien alcoolique – même s'il continue à pas mal trinquer dans sa vie de tous les jours ! Ami de Roland, le patron du *Mistral*, il ne lui commande plus désormais que des cafés (le matin) et des jus de tomate (l'après-midi). S'il porte au quotidien jean et blouson, il n'en garde pas moins une certaine tenue et rêve encore d'être heureux – sans trop oser y croire, persuadé qu'il est condamné au malheur : n'a-t-il pas été soupçonné, il y a huit ans, d'avoir tué sa femme disparue ? Le comédien de théâtre Pierre Martot adore cet anti-héros, plus doué pour le savoir-faire que pour le « savoir-dire ».

Vous souvenez-vous de votre scène d'essai ?
P. M. / Très bien. Elle s'est tournée avec Michel Cordes (Roland). C'était une scène de retrouvailles entre deux amis après sept ans de séparation. Roland avait vécu cette séparation, décidée par Léo sans aucune explication, comme une trahison, et il en avait gardé une certaine rancœur. C'était une très belle scène, entre deux personnages très pudiques.

Pourtant, Dieu sait qu'au début ce n'était pas gagné.
P. M. / Oui, j'ai vécu cette période avec une certaine inquiétude, mais je voulais y croire. En vingt ans de métier, je sais qu'il faut parfois du temps pour trouver un public. Je viens du théâtre dit d'avant-garde et j'ai appris que le bouche à oreille finit par faire venir les gens. Cette période était aussi intéressante à vivre parce que nous étions tous soudés par l'envie que ça marche.

Et Léo, comment a-t-il évolué ?
P. M. / L'une des lois des séries télé, c'est qu'il faut que le flic soit plutôt doué. Si le flic est mauvais, on est dans la comédie. Ça peut être franchement drôle, mais c'est autre chose et ce n'est pas ce qui était visé là. J'ai donc demandé que Léo soit plus perspicace. Au départ, il était peut-être plus proche de la vie, où un policier peut mettre beaucoup de temps avant de trouver un coupable. Il faut parfois des années pour identifier un assassin et il arrive aussi qu'on ne le trouve jamais… Dans un rythme télé, le flic devait être plus rapide. Même si je trouve juste aussi que Léo fasse des erreurs. Ça rend le personnage plus crédible, plus imprévisible. Autre changement : ce personnage austère, qui, de plus, battait sa femme, est devenu plus humain. C'est la production qui a voulu ce changement. Elle est très réactive, très à l'écoute de nos propositions.

Un mot du tournage ?
P. M. / Venant du théâtre, j'apprends toujours mes répliques au rasoir. Pour moi, c'est impensable d'en oublier une. Concernant Léo, les scènes que je préfère tourner, c'est celles où un coupable avoue son crime parce que, pour moi, c'est aussi le moment où un personnage accouche de sa vérité. Peut-être un reliquat de la profession de psychologue, que j'ai exercée après mes études… J'ai aussi été journaliste. Pour en revenir au tournage, il arrive parfois qu'on soit très fatigué après avoir enchaîné sept à huit séquences. Il y a aussi de vrais fous rires et de grands moments de bonheur.

Est-ce que ça a été facile de s'adapter à la vie marseillaise ?
P. M. / Oui. J'adore le côté populaire et insolent de cette ville. Je suis plutôt un solitaire mais j'ai une réelle amitié pour pas mal de gens du feuilleton, même si je m'isole un peu en dehors du tournage. Parce que, le soir, j'ai besoin de digérer ma journée de travail. Certains jours, aussi, à force de nous côtoyer, peut-être que le personnage de Léo et moi-même, nous déteignons un peu l'un sur l'autre.

Est-ce que ce n'est pas dangereux, cette implication ?
P. M. / Ce qui est dangereux, pour un acteur, c'est de ne pas tourner. Parce que ça signifie que le monde peut se passer de lui, et ça, c'est tout bonnement insupportable.

Léo, Pierre Martot

Cette douce jeune femme a de la tenue, ce qui est tout de même mieux pour exercer la profession de styliste. Les méchantes langues du Mistral affirment qu'à force de piquer des vêtements, elle a fini par piquer aussi Yann, le fiancé de sa sœur. Les deux ont en fait vécu une histoire d'amour impossible, comme elle en vivra une autre avec un homme marié. Mais les doublures, il vaut mieux les placer dans un vêtement que les jouer. Elle va définitivement l'apprendre à ses dépens en s'éprenant de Vincent. Certes, elle aime et elle est aimée, mais ça ne suffira pas pour qu'elle soit heureuse, et ce nouvel échec va la laisser plus déchirée qu'une chemise en lambeaux. Reconnue pour son talent, pour sa grandeur d'âme, cette créatrice de 36 ans est l'atout douceur du Mistral. C'est dire si Hélène Médigue, qui n'arrête pas de tourner pour le cinéma *(Les Poupées russes),* le théâtre et la télévision, a de la tendresse pour son personnage, qu'elle incarne depuis 2004.

Vous, vous avez un démarrage de *Plus belle la vie* particulièrement compliqué...

H. M. / Oui. Bien qu'engagée deux jours plus tôt par Canal + pour jouer dans un feuilleton quotidien baptisé *Le Train,* j'ai tout de suite eu envie de faire *Plus belle la vie* sitôt passé les essais. J'étais incapable de dire pourquoi mais je savais juste que je devais le faire.

Essayez quand même d'expliquer pourquoi vous avez accepté :

H. M. / L'idée de recréer un feuilleton en France m'inspirait beaucoup, qui plus est un feuilleton social. Parce que c'était ça, au départ, même si, ensuite, l'intrigue a évolué vers plus de suspense. Je ne regrette rien parce que rien ne m'a permis de m'exprimer autant que le personnage de Charlotte. Dans le drame comme dans la comédie.

Et vos premiers contacts avec l'équipe ?

H. M. / Des comédiens venus d'univers très différents : d'un côté des professionnels chevronnés, de l'autre de très jeunes acteurs inexpérimentés, tous confrontés tout de suite au côté transgénérationnel de *Plus belle la vie.* Je reconnais avoir eu un peu de mal avec la notion de groupe, avec des méthodes de travail complètement différentes. Quant au décor, j'ai pleuré en le voyant, émue par son incroyable réalisme. Extérieur comme intérieur. Et celui de Charlotte, c'est comme si je l'avais créé ! J'aimais d'ailleurs l'idée de cette femme pas marseillaise qui arrivait là pour créer cette boutique après avoir traversé des épreuves.

Vous qui avez l'habitude des fictions télé, vous avez été surprise par le rythme de celle-ci, au départ ?

H. M. / Ah oui : quand tu as tourné des fictions à trois minutes par jour et que là, tu vas en tourner vingt, tu flippes. En revanche, je travaille aussi beaucoup au théâtre, et ça m'a immédiatement mise à l'aise de tourner en plans séquences. Ça donne plus de liberté mais ça veut également dire plus de travail en amont. Au début, on tournait quatorze séquences par jour, c'était juste impossible. D'ailleurs, vu le rythme, il faut renoncer au souci de perfection et accepter la frustration qui va avec.

Il parait que, contrairement aux autres acteurs, vous avez influencé votre personnage sur le plan vestimentaire ?

H. M. / Oui, je l'ai vraiment créé. Depuis le début, ce sont quasiment toutes mes fringues, d'autant que j'ai moi aussi une vraie passion des vêtements. Sur le fond du personnage, j'ai remarqué que les auteurs s'adaptaient beaucoup à ce que je proposais. Mais sur les derniers dix-huit mois, j'ai un regret : ils ont fait de moi une *« Desperate Housewife »* un peu trop systématique, la célibataire qui attend le prince charmant !

***Plus belle la vie*, en résumé ?**

H. M. / Un attachement énorme à toute l'équipe, à Laetitia Milot, à Aurélie Vaneck, qui m'épatent. Une admiration sans bornes pour les responsables de France 3, pour les producteurs Hubert Besson, Michelle Podroznik et François Chalent, qui ont fait un travail insensé. Ils ont entraîné tout le monde, d'où une vraie magie entre nous et pour ce feuilleton.

Charlotte, Hélène Médigue

Les guests

François Marci,
Thierry Ragueneau
Mari de Blanche pendant près de vingt ans, et père de Lucas et de Johanna. Sa passion pour Alice Jouvenin a eu raison de son mariage. Il vit aujourd'hui aux État-Unis.

Lucas Marci,
Geoffrey Sauveaux
Suite à sa rupture avec Samia, il part rejoindre son père à La Nouvelle-Orléans, où il exerce maintenant ses talents d'apprenti cinéaste.

Aicha,
Ibtissem Guerda
Une jeune infirmière algérienne, compagne de Léo, contrainte, pour échapper à ses fréquentations, de fuir Marseille.

Laurence,
Patricia Thibault
Médecin en Afrique, la mère de Ninon vient souvent à Marseille pour voir sa fille, au risque de croiser Vincent, son ex-mari. Entre eux, la page est-elle vraiment tournée ?

Georges,
Jeff Palaccio
Quelques jours avant son mariage, il a le coup de foudre pour Charlotte. Les ennuis commencent…

Phil,
Rémy Pedevilla
Hélas, les mises en garde de son ami Malik ne suffisent pas à sauver ce jeune trafiquant de ses mauvaises fréquentations.

Manuel Aristabal,
Rodolfo de Souza
Mari de Mirta et père de Luna, Manuel est un grand manipulateur. Il vient à Marseille pour s'emparer du Select Hôtel. Il n'y trouvera que la mort.

Pierre Anglade,
Daniel Lobbé
Pas facile d'être l'amant de la femme (Blanche) d'un de ses employés (François). Mais quand l'amour est le plus fort…

Driss,
Faycal Safi
C'est un jeune homme engagé, en lutte contre la réhabilitation du Mistral, dont la ferveur militante séduit rapidement Ninon.

Carole Lenoir,
Sabine Héraud
Tante et mère adoptive de Thomas, Carole connaît l'amour dans les bras de Léo, avant de succomber au virus qui provoque la mise en quarantaine du Mistral.

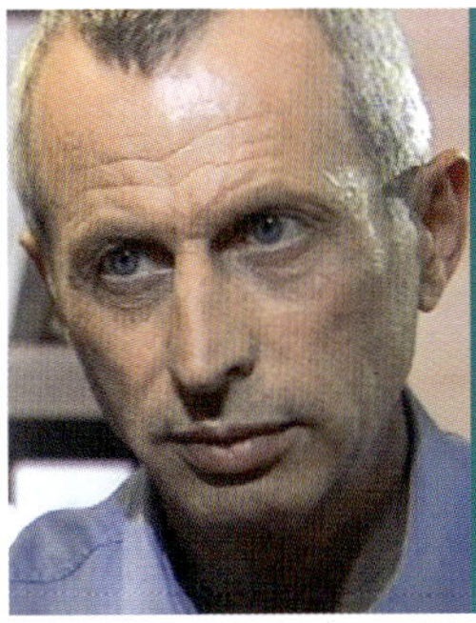

Bruno Livia,
Philippe Granarolo
Un tueur en série psychopathe, maître de l'hypnose et des lettres anonymes, en prison. Mais les Mistraliens en ont-ils vraiment fini avec le tueur au pentacle?

William Charvet,
Julien Duval
Si ce jeune pianiste est aujourd'hui aveugle, c'est un peu à cause de Ninon. Entre eux, l'amour semble donc impossible. Pourtant…

Éva Cabestany,
Valérie Leboutte
Aventurière lancée à la poursuite du seul remède capable de lui sauver la vie, elle meurt dans les bras de Vincent, à quelques mètres seulement du trésor tant convoité.

Emmanuelle Barel,
Sévie Weber
Thomas n'en revient pas : Nicolas est marié ! Et, en plus, sa femme veut un bébé ! « Nicolas, j'ai deux mots à te dire… »

Florent Barjac,
Boris de Mourzitch
Peut-être le plus grand amour de Céline. Mais Florent a du sang sur les mains et paie ses crimes de sa vie.

Damien Mara,
Émile Abossolo-m'bo
Après dix-sept années passées en Afrique, le père de Rudy est de retour. Ancien toxicomane, il a beaucoup changé : aujourd'hui, il est prêtre !

Cécilia Verdi,
Maria Pitarresi
Un agent spécial de charme infiltré au sein des laboratoires Barjac pour en dénoncer les agissements et faire tomber Florent. Mission accomplie.

Snake,
Florent Sudraud
On a beau être un caïd, on ne s'en prend pas impunément à Lucas et à Samia. Pour « Steak », c'est la case prison !

Henri Laroque,
Robert Castel
Grand-père de Mélanie, il a un lourd passé : un viol, dont naît la mère de celle-ci, et le meurtre de sa fille. Il est tué par son neveu Anthony.

Régis Rinato,
Jacques Bouanich
Qui a dit qu'on ne trouve jamais un bon plombier quand on en a besoin ? Le père de Mélanie et de Fabien, l'ami de Roland, lui, est toujours disponible !

Anthony Laroque,
Marc Pistolesi
Épouser Mélanie, la tuer et hériter de sa (récente) fortune : voilà le plan machiavélique d'Anthony. Heureusement, Malik veille.

Jean-Baptiste Gauthier,
Gérard Amalric
Preux chevalier de Juliette, ce bel hurluberlu partage sa vie entre Marseille et New York.

Alice Jouvenin,
Mathilde Lebrequier
Rien ni personne ne semble pouvoir arrêter Alice, déterminée à venger la mort de sa sœur. Jusqu'à ce que Lucas, contacté par le fantôme de la défunte, n'intervienne.

Noël,
Michel Modo
Mais qui est donc ce vieil homme qui, à la veille de Noël, semble pouvoir résoudre tous les problèmes ? Et s'il s'agissait du… Non, voyons : vous savez bien que le père Noël n'existe pas !

Nadine Vautier,
Murielle Huet des Aunay
Lucas ne croyait pas aux fantômes. Jusqu'au jour où Nadine, morte vingt-cinq ans plus tôt, entre en contact avec lui…

Christelle Le Bihac ,
Juliette Wiatr
L'indomptable nièce de Charlotte préfère les filles, et tout particulièrement Luna.

Gali Adoun,
Jean-Luc Joseph
Menacé de mort dans son pays, ce jeune journaliste tchadien trouve asile dans les bras de Juliette. Dénoncé, il doit fuir au Canada.

Marc Vernet,
Jérôme Marc
Difficile pour Ninon de ne pas succomber au charme de cet homme mystérieux, venu à Marseille démasquer le véritable coupable d'un meurtre pour lequel il a fait plusieurs années de prison.

Charles-Henri Picmal,
Richard Guedj
Homme politique véreux, il n'hésite pas à tuer, notamment pour envoyer Marc Vernet derrière les barreaux.

Anne Bocara,
Catriona Maccoll
Un rayon de soleil dans la vie de Roland, hélas éclipsé par la folie meurtrière de Picmal.

Renaud Sardi,
Guillaume Romain
C'est un jeune informaticien maladivement timide, tendre et maladroit. Pour s'être montré cruel avec lui, Lucas perdra Samia.

Nirina Tsiranana,
Linda Bouhenni
Le grand amour de Nathan. Après leur première fois –ratée–, la réconciliation semblait impossible. Finalement, l'amour sera le plus fort.

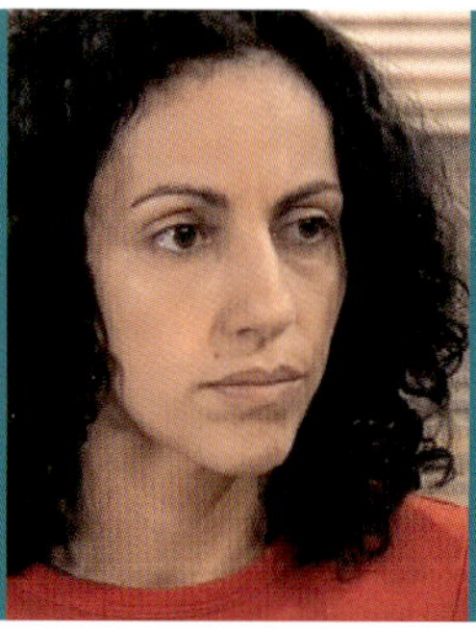

Jade Bouraoui,
Fadila Belkebla
Jeune officier de police chargée de seconder Léo, Jade est l'une des victimes du démoniaque docteur Livia.

Gabriel Mercœur,
Didier Menin
Juliette ne résistera pas au pouvoir de séduction de ce brillant ethnologue… Il est escroc, manipulateur, et déterminé à mettre la main sur la villa des Frémont.

Karine Mercœur,
Nathalie Grandhomme
Le cœur de Frémont appartient un moment à l'envoûtante Karine Mercœur. Acculée, elle se donne la mort en prison, non sans avoir pris soin d'éliminer son mari Gabriel.

Étienne Anglade,
Hubert Koundé
C'est le frère aîné de Pierre – et, comme lui, il entame une liaison avec Blanche. Après des vacances désastreuses au Sénégal, la séparation se fait d'un commun accord.

Agathe Robin,
Valérie Baurens
La vie n'est pas tendre avec cette belle jeune femme, tombée dans la drogue et la prostitution… jusqu'à ce qu'elle croise le chemin de Léo, son bon samaritain.

Véra Madigan,
Cécile Auclert
D'un abord parfois strict et rigide, la supérieure hiérarchique de Léo sait se montrer compréhensive et humaine.

Dorvalino,
Selim Clayssen
Comment Johanna pouvait-elle résister au charme ravageur de ce bel Indien du Brésil, venu à Marseille se venger de Gabriel Mercœur, son père ?

Victor Castelli,
Vania Villers
Mais où est passé le magot du facétieux général ? Léo, son neveu, et Rachel, son dernier amour, aimeraient bien le savoir. Le docteur Livia aussi…

Aude Estavar,
Muriel Bonnet
Une chose est sûre : Rudy n'oubliera jamais la jolie Aude. Il n'oubliera pas non plus celui qui l'en a privée pour toujours, l'infâme docteur Livia.

Fred,
César Van den Driessche
Que voulez-vous, Samia aime les voyous… Celui-ci manipule JB avant de tomber pour trafic d'objets d'art.

Cyril Muntz,
Laurent Salsac
Priez pour ne jamais croiser son chemin ! C'est un vrai pot de colle, un pique-assiette. Mélanie et Malik en savent quelque chose…

Hélène Cantarel (la fausse Sophie),
Marie-Sophie L.
Désespérée, elle est prête à tout pour sauver sa fille, Estelle. Elle vole alors l'identité de sa sœur jumelle, la mère de Nathan. C'est sans compter sur la lucidité de Guillaume.

Bobby,
Nicolas Scellier
Un jeune garçon un peu simple d'esprit, amoureux de Nirina et jaloux comme un tigre. Prudence, Nathan, prudence…

Estelle Cantorel,
Élodie Varlet
Sauvée in extremis d'une grave maladie, elle croque désormais la vie à pleines dents. Parfois au grand dam de Rudy, son ange gardien !

Bertrand,
Loïc Blanco
Peut-on être à la fois l'amant de Blanche et celui de Charlotte ? Oui, mais pas longtemps ! Les deux copines font vite déguerpir le goujat.

Clémence Bizet,
Corinne Blanc
Le regard des autres, plus fort que l'amour ? Parfois, oui. Le couple Roland-Clémence n'y survivra pas.

Claire Amblin,
Sabine Perraud
Accusée – à tort – d'un meurtre commis par son frère schizophrène, la belle Claire, pour sauver la vie de Mélanie et de Malik, pris en otage, est contrainte de le tuer.

Lily Sango,
Sabine Cissé
Une jeune sans-papiers nigériane, à qui Malik obtient le droit d'asile.

Louis Barrel,
Thomas Cerisola
Séducteur, escroc, maître chanteur… le frère de Nicolas est un drôle d'oiseau, Céline et Charlotte peuvent en témoigner !

Yves Barrel,
Bernard Allouf
Comme Saturne, Yves Barrel, dans sa folie, dévore ses propres enfants. D'abord Louis, qui le fait chanter ; ensuite Nicolas, à qui il n'a jamais pardonné son homosexualité.

Fabien Rinato,
Julien Bravo
Le demi-frère de Mélanie a un rêve : devenir footballeur. Sa séropositivité en décide autrement. L'amour de Samia saura lui redonner espoir.

Sarah Bogaert,
Alice Chenu
Son mari, grand avocat, la bat et tente de la faire passer pour folle. Blanche, Roland et Malik l'aident à sortir de ses griffes.

Samuel Tablonka,
Patrick Guérineau
Un salaud de la pire espèce, aux ordres de Lorraine, sa maîtresse, qui fait tomber Ninon dans ses filets et menace Guillaume.

Lorraine Fournier,
Laurence Cormerais
Elle forme avec Samuel un couple d'amants diaboliques. Sa proie : Guillaume, qui ne lui résiste pas. Mais on ne touche pas impunément à l'homme de Luna…

Kamel Suni,
Zizek Belkebla
Être l'ami de Guillaume comporte certains risques, comme celui de mourir assassiné par une belle tueuse au sang-froid, Lorraine.

Aurélie Jacquet,
Alexia Quintin
Le démon de midi de Vincent. Son aventure avec le père de son amie Ninon s'achève de façon tragique : Aurélie est un dégât collatéral des manœuvres de Vassago.

Franck Vecchio,
Jean-Charles Chabachganian
Beau brun ténébreux, secrètement rongé par la culpabilité d'un meurtre commis vingt ans plus tôt. Le plus grand amour de Blanche ? En tous cas, un bébé est en route.

Andréas Zagan,
Julien Héteau
Un jeune homme romantique, prêt à tout pour l'amour de Juliette. Y compris à vendre son âme à celui qu'il croit être le diable.

Léonard Vassago,
Jean-François Garraud
Qui est vraiment Léonard Vassago ? Un homme d'affaires machiavélique déterminé à détruire les Mistraliens ou… le diable en personne ? Le doute subsiste.

Élise,
Marion Durand
Une jeune fille libérée qui entraîne Nathan dans un trafic de DVD piratés, avant de lui faire connaître les plaisirs de la chair.

Arnaud Pia,
Zuriel de Peslouan
Cet ingénieur du son n'est pas venu à Marseille uniquement pour enregistrer le nouvel album de Maïdi Roth. Il y a vingt ans, Franck a tué son père, et il est décidé à se venger…

Michel Tautavel,
Franck Gourlat
Médecin remplaçant de Guillaume, il a deux obsessions : augmenter le chiffre d'affaires du cabinet et… mettre Mélanie dans son lit ! Le premier objectif est atteint – le second, non !

Bob Grant (Patrick Cléry),
Christian Julien
Ancien chef de gang, aujourd'hui producteur de musique, Bob est l'homme qui, vingt ans auparavant, a ordonné à Franck de tuer le père d'Arnaud. La vengeance est en marche.

Florian Estève,
Franck Borde
C'est un beau et jeune juge d'instruction qui, grâce à l'amour de Thomas, sort du placard et révèle son homosexualité.

Solange Chaumette,
Corinne Le Poulain
La mère – quelque peu envahissante ! – de Vincent, et la grand-mère – tendre et attentive – de Ninon.

Contester le phénomène *Plus belle la vie*, c'est comme contester que l'eau des calanques mouille : c'est tout simplement ridicule. Le feuilleton bascule même parfois désormais dans les pages « faits divers » des journaux. En août dernier, il a ainsi été cité plusieurs fois : une adolescente attaquée en justice par sa mère avait subtilisé la carte bleue de cette dernière pour aller s'éclater avec sa copine à Marseille, ville où se déroulait son feuilleton favori, dont elle voulait assister au tournage. Quelques jours plus tard, c'est le sélectionneur de l'équipe de France de natation qui déclarait que, quand il suivait dans les médias les rebondissements de l'affaire Laure Manaudou (notre championne olympique était alors tiraillée entre plusieurs clubs), il avait l'impression d'être dans le feuilleton rocambolesque, qu'il suivait chaque soir. Preuve aussi que *Plus belle la vie* est un phénomène, c'est l'engouement de vedettes faisant discrètement savoir que, si on le leur demandait, elles ne seraient pas opposées au fait d'y faire « une apparition et plus si affinités ». Si la production n'a par exemple jamais envisagé pour l'instant de faire appel à Bernard Tapie, ce dernier a fait savoir que ça l'amuserait. Ces comédiens non récurrents repartent d'ailleurs toujours ravis d'une expérience qu'ils auraient volontiers prolongée. L'avantage est qu'ils soulagent ainsi les « habitués » de quelques séquences quotidiennes, et surtout qu'ils apportent du sang neuf dans ce quartier du Mistral qui, sans ça, finirait par être frappé de consanguinité ! L'un des derniers en date, Christian Morin, s'est avoué prêt à reprendre son billet pour Marseille à la première sollicitation. Cela dit, et la production est ferme sur ce point, ce sont les *guests* qui s'adaptent à *Plus belle la vie* et non l'inverse. Ils n'ont en effet pas été choisis en fonction de leur notoriété mais parce qu'ils pouvaient apporter quelque chose à l'intrigue et au feuilleton. Autrement dit, ils sont davantage là pour servir que pour se servir et, apparemment, ils aiment ça.

Plus belle la vie en livres

Tome 1
Les Secrets du Mistral

Quand tout commence… Marseille, place du Mistral. Pourquoi Ninon la Parisienne débarque-t-elle dans le quartier ? Comment va-t-elle rencontrer Rudy ? Et comment son père, Vincent Chaumette, vivra-t-il sa relation dévastatrice avec Céline ? La folie de la fille du notable Frémont pourrait bien, d'ailleurs, entraîner nombre d'habitants du quartier à leur perte… Mais les Mistraliens, Roland, François, Blanche et les enfants Marci, Charlotte et tous les autres, soutiendront Vincent et Ninon dans cet affrontement aux multiples rebondissements.

Tome 2
Le Corbeau du Mistral

Menaces de mort au Mistral ! « Ta place est au royaume des ombres » : depuis plusieurs semaines, Charlotte est la cible d'un corbeau qui pourrait s'en prendre à sa vie. Autour d'elle, chacun y va de son petit mystère : que cherche Thomas, qui débarque au *Bar du Mistral* et bouscule Roland, le patron du bistro ? Et quel secret cache Léo, le flic taciturne ? Dans le quartier, la tension monte d'un cran à chaque nouvelle anonyme. Car il semble fort qu'un tueur en série frappe à intervalles réguliers… Qui sera sa prochaine victime ?

Tome 3
Le Trésor du Mistral

Luna, la jolie Luna, fait tourner bien des têtes. Quand Guillaume Leserman débarque au Mistral, c'est le coup de foudre : ces deux-là sont faits l'un pour l'autre. Mais est-il vraiment le dévoué neveu de Rachel qu'il prétend être ? Et comment Charles Frémont, dévoré par la jalousie, va-t-il réagir ? Il y a aussi Nathan, le fils de Guillaume, qui trouve en Juliette Frémont l'écoute qu'il n'a pas chez lui. Entraînés, à la suite de leurs pères, dans la quête de manuscrits perdus, les deux jeunes gens auront l'occasion de mettre à l'épreuve leur amitié. Jusqu'où ira leur sens du sacrifice ?

Tome 4
La Fiancée du Mistral

Quelle malédiction plane donc sur Mélanie, la serveuse du *Bar du Mistral ?* Depuis qu'un vieux monsieur est venu lui parler de sa mère – disparue quand elle était toute petite –, la jeune femme est victime de cauchemars terrifiants. Convaincue qu'elle trouvera la clé dans son passé, elle plonge dans l'histoire de sa famille. Sur son chemin, Mélanie croise Anthony Laroque : entre la jolie serveuse et le séduisant skipper, c'est le coup de foudre. Mais leur rencontre est-elle vraiment le fruit du hasard ?

Tome 5
L'Inconnu du Mistral

Arrivé d'Australie pour trouver au Mistral une inspiration nouvelle, Marc Vernet, un bel artiste-peintre, a tout pour séduire Ninon. Au grand désespoir de son père, Vincent, qui se méfie de ce type trop mystérieux à son goût. Très vite, Marc tombe le masque et avoue son seul but : venger la mort de la femme qu'il aimait ! Mais qui est le véritable coupable ? À quoi rime ce complot qui semble se dessiner – et qui seront les prochaines victimes ? Car si l'amour de Ninon et de Marc résiste aux tempêtes, ce sont leurs vies qui sont en jeu…

Tome 6
Les Mensonges du Mistral

Nathan Leserman est un adolescent enfin heureux : entouré de son père Guillaume et de sa grand-tante Rachel, il file aussi le parfait amour avec la jolie Nirina. Il ne lui manque que Sophie, sa mère, réfugiée depuis sept ans dans un ashram à l'autre bout du monde. Un beau jour, justement, Sophie réapparaît : absente depuis si longtemps, elle compte bien désormais rattraper tout le temps qu'elle a perdu. Inattendu, ce retour va bouleverser l'existence sereine de Nathan. Guillaume, lui, ne reconnaît pas la femme qu'il a aimée autrefois : Sophie a tellement changé ! Très vite, il en vient à douter : pour quelle raison est-elle revenue ? Cet intérêt nouveau pour son fils n'est-il pas feint ? Et quel lien entretient-elle avec le professeur Cantorel, un éminent chirurgien que torture un sombre secret ?

FRANCE 3. **Geneviève Giard** *Directrice générale* / **Rémy Pflimlin** *Directeur général* / **Nicole Patin** *Productrice exécutive - Directrice* / **Élyane Legrand** *Responsable de l'unité régionale de production* / **Émile Assier** *Administrateur de l'unité régionale de production* / **Vincent Meslet** *Directeur des programmes* / **Alain Vautier** *Directeur de l'antenne* / **Perrine Fontaine** *Directrice de l'unité fiction* / **Patrick Pechoux** *Directeur de l'unité fiction* / **Karine Silvani** *Directrice de la production* / **Christine Coutin** *Conseillère de programme* / **Caroline Ferrier** *Assistante* / **Bruno Fourcade** *Assistant* / **Farida Hadji** *Assistante de production* / **Séverine Le Vaillant** *Directrice de production* / **Pascal Tomasini** *Directeur de production* / **Laurence Grandremy** *Directrice de production* / **Pierre Kolf** *Directeur de production* / **Emanuel Simon** *Directeur de production* / **Stéphane Torres** *Directeur de post-production* / **Alexandre Glenat** *Directeur de post-production* / **Olivier Roelens** *Directeur de post-production* / **Clémence Labbey** *Directrice de post-production* / **Marie-Christine Bernardin** *Assistante de production* **Françoise Gayet** *Assistante de production* **Noura Benraad** *Assistante de production* **Virginie Cicero** *Assistante de production* / **Jessica Terrier** *Assistante de production* / **Isabelle Terry** *Assistante planning* / **Grégory Bretones** *Assistant planning* / **Stéphanie Muller** *Assistante planning* / **Isabelle Maheux** *Assistante planning* / **Frédérique Bouchu** *Assistante planning* / **Angélique Carrier** *Assistante planning* / **Marie Chollet** *Assistante planning* / **Hélène Marteau** *Attachée de presse* / **Aline Bray** *Attachée de presse* / **Fatima Boudaoud** *Attachée de presse* / **Séverine Correyeur** *Journaliste F. T. V. I.* / **François Lefebvre** *Photographe plateau* /// **TELFRANCE SÉRIE.** **Hubert Besson** *Producteur Telfrance Série* / **Romain Pieri** *Chef de projets* / **Michelle Podroznik** *Productrice Telfrance Série* / **Soulafe Benmoulay** *Assistante de production* / **Christophe Marguerie** *Directeur Telfrance Série* / **Rosa Sacchetto** *Assistante de direction* / **François Charlent** *Producteur Rendez Vous Productions* / **Cyrielle Andreani** *Assistante de production* / **Frédérique Charbit** *Secrétaire générale Telfrance Série* / **Serge Ladron De Guevara** *Directeur de production* / **Alexandra Eltchaninoff** *Assistante de production* / **Anne-Sophie Rousselet** *Assistante de production* / **Juliette Merveille** *Assistante de production* / **Jean Vintrou** *Administrateur de production* / **Corinne Vallalta** *Assistante Administrateur de production* / **Jean-Dominique Bourgeois** *Responsable partenariats* / **Aliénor Ansoult** *Assistante Livre D'or* / **Laetitia Recayte** *Directrice commerciale Telfrance Série* / **Davy Lor** *Directrice de la communication* / **Adeline Hombert** *Chargée de communication* / **Renaud Lhardy** *Journaliste magazine* / **Élise Touchard** *Responsable juridique* / **Caroline Surquain** *Juriste* / **Delphine Veron** *Juriste* / **Nadia Rahou** *Secrétariat - Standard* /// **AUTEURS.** **Bénédicte Achard** *Auteur de la bible* / **Georges Desmouceaux** *Auteur de la bible* / **Olivier Szulzynger** *Auteur de la bible* / **Magaly Richard-Serrano** *Auteur de la bible* / **Olivier Szulzynger** *Directeur de collection* / **Georges Desmouceaux** *Directeur de collection* / **Fabienne Lesieur** *Directrice de collection* / **Isabelle Dubernet** *Script editor* / **Éric Fuhrer** *Script editor* / **Bénédicte Achard** *Auteur* / **Anna Angeli** *Auteur* / **Sylvie Audcoeur** *Auteur* / **Claire Aziza** *Auteur* / **Sarah Belhassen** *Auteur* / **Marie-Hélène Bizet** *Auteur* / **Isabelle Boni-Claveries** *Auteur* / **Hector Caballo-Reyes** *Auteur* / **Laetitia Carriere** *Auteur* / **Frédéric Chansel** *Auteur* / **Luc Chaumar** *Auteur* / **Sylvie Chanteux** *Auteur* / **Françoise Charpiat** *Auteur* / **Catherine Courel** *Auteur* / **Xavier Daugreilh** *Auteur* / **Vincent David** *Auteur* / **Alix Delaporte** *Auteur* / **Claudio Descalzi** *Auteur* / **Nicolas Durand-Zouky** *Auteur* / **Marie du Roy** *Auteur* / **Laurent Gassiole** *Auteur* / **Mathieu Granier** *Auteur* / **Barbara Grinberg** *Auteur* / **Benjamin Guedj** *Auteur* / **Mariem Hamidat** *Auteur* / **Déborah Hassoun** *Auteur* / **Dodine Herry-Grimaldi** *Auteur* / **Sophie Hiet** *Auteur* / **Géraldine Keiflin** *Auteur* / **Juliette Keller** *Auteur* / **Philippe Klebert** *Auteur* / **Christiane Lebrima** *Auteur* / **Sébastien Le Delezir** *Auteur* / **Éline Le Fur** *Auteur* / **Karine Lollichon** *Auteur* / **Yvan Lopez** *Auteur* / **Joel Meziane** *Auteur* / **Joelle Miau** *Auteur* / **Patrick Michel** *Auteur* / **Pierre Monjanel** *Auteur* / **Aurélia Morali** *Auteur* / **Sébastien Mounier** *Auteur* / **Stéphane Palay** *Auteur* / **Brigitte Peskine** *Auteur* / **Catherine Pierre** *Auteur* / **Alexandre Pottier** *Auteur* / **Flavien Rochette** *Auteur* / **Marc Roux** *Auteur* / **Frédéric Sabrou** *Auteur* / **Martin Sauvageot** *Auteur* / **Nathalie Stragier** *Auteur* / **Rémy Tarrier** *Auteur* / **Nathalie Vailloud** *Auteur* / **Anne Valton** *Auteur* / **Marc Zeni** *Auteur* /// **ÉCRITURE.** **Marie Beauchaud** *Directrice écriture* / **Carine Hazan** *Coordinatrice écriture Paris* / **Romain Pieri** *Coordinateur écriture Paris* / **Sophie Bonnemain** *Coordinatrice écriture Paris* / **Éline Lefur** *Coordinatrice écriture Paris* / **Juliette Keller** *Coordinatrice écriture Paris* / **Marie Chene** *Coordinatrice écriture* / **Julie Sibille** *Coordinatrice écriture* / **Jeanne Brundu** *Coordinatrice écriture* / **Irène Camargo de Staal** *Assistante coordinatrice écriture* / **Octavia de Larroche** *Assistante coordinatrice écriture* / **Juliette Streitwieser** *Assistante coordinatrice écriture* / **Emmanuelle Perrin** *Assistante coordinatrice écriture* / **Laurent Gassiole** *Scénariste de plateaux* /// **MISE EN SCÈNE.** **Toma de Matteis** *Directeur artistique* / **Bernard Faroux** *Directeur artistique* / **Mathieu Bollet** *Assistant* / **Julien Broca** *Assistant* / **Véronique Laveissiere** *Assistante* / **Mathilde Demy** *Assistante* / **Rémi Honnoraty** *Planneur* / **Nathalie Boulanger** *Planneuse* / **Sophie Ferrario** *Planneuse* / **Richard Guedj** *Directeur d'acteur* / **Marie-Anne Cordonnier** *Assistante directeur d'acteur* / **Alexandra Tobelaim** *Assistante directeur d'acteur* /// **CASTING.** **Marie-Christine Lafosse** *Directrice casting* / **Bruno Dupuis** *Assistant directeur casting Paris* / **Randi Sarron** *Assistant directeur casting Marseille* / **Julien Grossi** *Casting comédiens* / **Johanna Delon** *Casting comédiens* / **Michaël Taupin** *Casting figuration* / **Sophie Rimbaud** *Casting figuration* / **Boris Vassalo** *Casting figuration* / **Serge Gumuchian** *Chef de file extérieur* / **Nancy Ferri** *Chef de file extérieur* / **Fabienne Tzerikiantz** *Chef de file extérieur* / **Gwladys Theleme** *Chef de file extérieur* /// **RÉALISATEURS.** **Bernard Dumont** *Réalisateur* / **Charli Beleteau** *Réalisateur* / **Christophe Andrei** *Réalisateur* / **Christophe Reichert** *Réalisateur* / **Christophe Salachas** *Réalisateur* / **Claire Letouze** *Réalisatrice* / **Emmanuelle Dubergey** *Réalisatrice* / **Éric Summer** *Réalisateur* / **Félix Olivier** *Réalisateur* / **Jean-Pierre Igoux** *Réalisateur* / **Jérôme Navarro** *Réalisateur* / **Michel Campioli** *Réalisateur* / **Michel Hassan** *Réalisateur* / **Pascal Heylbroeck** *Réalisateur* / **Philippe Carrese** *Réalisateur* / **Philippe Roussel** *Réalisateur* / **Philppe Dajoux** *Réalisateur* / **Pierre François Brodin** *Réalisateur* / **Pierre Leix Cote** *Réalisateur* / **Rémi Honoraty** *Réalisateur* / **Roger Wielgus** *Réalisateur* / **Thierry Boscheron** *Réalisateur* / **Thierry Petit** *Réalisateur* / **Véronique Langlois** *Réalisatrice* / **Gilles Maillard** *Réalisateur* /// **SCRIPTE.** **Aline Haulard La Briere** *Scripte* / **Anne-Isabelle Ducassou** *Scripte* / **Catherine Lefebvre** *Scripte* / **Cécile Lemoine** *Scripte* / **Cécile Tournoux** *Scripte* / **Charlotte Girard** *Scripte* / **Clarisse Gance** *Scripte* / **Dominique Arce** *Scripte* / **Dominique Bordes** *Scripte* / **Élisabeth Duc Dodon** *Scripte* / **France-Marie Bauhain** *Scripte* / **Laurence Weisbrot** *Scripte* / **Lizanne Pepin** *Scripte* / **Marie Chesneau** *Scripte* / **Marine Tricoire** *Scripte* / **Sophie Matalou** *Scripte* / **Stéphanie Lopez** *Scripte* / **Sylvie Lockwood** *Scripte* / **Samantha Tel** *Scripte* / **Floriann Abele** *Scripte* / **Sarah Prim** *Scripte* / **Virginie Auguste** *Scripte* /// **PREMIERS ASSISTANTS RÉALISATEURS.** **Aurélie Surjus** *Première assistante réalisateur* / **Christiane Romeas** *Première assistante réalisateur* / **Denis Cerantola** *Premier assistant réalisateur* / **Emmanuelle Caquille** *Première assistante réalisateur* / **Éric Robillot** *Premier assistant réalisateur* / **Fanny Claux** *Première assistante réalisateur* / **Francis Calandre** *Premier assistant réalisateur tournage* / **François Langot** *Premier assistant réalisateur* / **Frantz Koenig** *Premier assistant réalisateur* / **Frédéric Riviere** *Premier assistant réalisateur* / **Jason Roffe** *Premier assistant réalisateur* / **Jean-Julien Van Butsel** *Premier assistant réalisateur* / **Jean-Marc Therin** *Premier assistant réalisateur* / **Jérémie Patier** *Premier assistant réalisateur* / **Laurence Jones** *Première assistante réalisateur* / **Laurent Klotz** *Premier assistant réalisateur* / **Lionel Smila** *Premier assistant aéalisateur* / **Marc Atge** *Premier assistant réalisateur* / **Mathieu Danielo** *Premier assistant réalisateur* / **Mathieu Laurentin** *Premier assistant réalisateur* / **Michel Gas** *Premier assistant réalisateur* / **Nicole Mollion** *Première assistante réalisateur* / **Patrick Noel** *Premier assistant réalisateur* / **Paule Sardou** *Première assistante réalisateur* / **Romain Sussfeld** *Premier assistant réalisateur* / **Sandrine Viet-Bibas** *Première assistante réalisateur* / **Stéphanie Nataf** *Première assistante réalisateur* /// **SECONDS ASSISTANTS RÉALISATEURS.** **Aurélia Michon** *Seconde assistante réalisateur* / **Béatrice Herczog** *Seconde assistante réalisateur* / **David Durca** *Second assistant réalisateur* / **David Taillade** *Second assistant réalisateur* / **Emmanuel Breton** *Second assistant réalisateur* / **Geordie Fettah** *Seconde assistante réalisateur* / **Jean-Marc Santoni** *Second assistant réalisateur* / **Julie Aguttes** *Seconde assistante réalisateur* / **Julien Leandri** *Second assistant réalisateur* / **Laurent Golia** *Second assistant réalisateur* / **Lionel Chatton** *Second assistant réalisateur* / **Marie Fischer** *Seconde assistante réalisateur* / **Marie Rivaud** *Seconde assistante réalisateur* / **Maryline Nobili** *Seconde assistante réalisateur* / **Mélanie Linares** *Seconde assistante réalisateur* / **Nadine Brunini** *Seconde assistante réalisateur* / **Paviel Raymont** *Second assistant réalisateur* / **Philippe Boccardi** *Second assistant réalisateur* / **Stéphane Rampal** *Second assistant réalisateur* / **Teddy Laroutis** *Second assistant réalisateur* /// **TROISIÈMES ASSISTANTS RÉALISATEURS.** **Alex Delaunay** *Troisième assistant réalisateur* / **Alexia di Gallo** *Troisième assistante réalisateur* / **Antoine Brice** *Troisième assistant réalisateur* / **Aude Bertrand** *Troisième assistante réalisateur* / **Benjamin Duchamps** *Troisième assistant réalisateur* / **Caroline Nicoleau** *Troisième assistante réalisateur* / **Caroline Peyraud** *Troisième assistante réalisateur* / **Fernando Pires** *Troisième assistant réalisateur* / **Franck Frappa** *Troisième assistant réalisateur* / **Frédérique Salles** *Troisième assistante réalisateur* / **Gaulthier Mermet** *Troisième assistant réalisateur* / **Guillaume Montelly** *Troisième assistant réalisateur* / **Johann Haug** *Troisième assistant réalisateur* / **Julien Leandri** *Troisième assistant réalisateur* / **Laurence Feline** *Troisième assistante réalisateur* / **Luigi Filotico** *Troisième assistant réalisateur* / **Maïna Waezi** *Troisième assistante réalisateur* / **Mathieu Ambid** *Troisième assistant réalisateur* / **Mickaël Sauvage** *Troisième assistant réalisateur* / **Murielle Labrosse** *Troisième assistante réalisateur* / **Nadine Brunini** *Troisième assistante réalisateur* / **Nicolas Copin** *Troisième assistant réalisateur* / **Octavia de Larroche** *Troisième assistante réalisateur* / **Romain Paulain** *Troisième assistant réalisateur* / **Salem Dridi** *Troisième assistant réalisateur* /**Sygrind Palis** *Troisième assistant réalisateur* / **Sylvain Aulagner** *Troisième assistant réalisateur* / **Virginie Antonetti** *Troisième assistante réalisateur* / **Zoé Barrois** *Troisième assistante réalisateur* /// **RÉGIE.** **Jean-Pierre Gueyrard** *Régisseur général* / **Claudie Barbier** *Régisseuse générale* / **Coralie Roy** *Régisseuse générale* / **Clémentine Amiel** *Régisseuse générale* / **Christophe Gamboa** *Régisseur général* / **Alexandra Stegli** *Régisseuse adjointe* / **Benjamin Granier**

Régisseur adjoint / Caroline Mendez Régisseuse adjointe / Fabrice Nativo Régisseur adjoint / Frédéric Roca Régisseur adjoint / Henri Paul Régisseur adjoint / Jean-Baptiste Kittel Régisseur adjoint / Jérôme Ivars Régisseur adjoint / Michel Bovis Régisseur adjoint / Olivier Coquillon Régisseur adjoint / Yannick Mangion Régisseur adjoint / Alexandra Sabatier Assistante régie / Claire Vauchelle Assistante régie / Daouda Coulibaly Assistante régie / David Alexandre Chandellier Assistant régie / Delphine Rochette Assistante régie / Émilie Gayet Assistante régie / Émilie Loubatieres Assistante régie / Éric Vedrine Assistant régie / Fabien Breton Assistant régie / Fédérico Escartin Assistant régie / Gines Chavet Assistant régie / Grégory Bourdin Assistant régie / Jean-Christophe Gastaudo Assistant régie / Julien Seignier Assistant régie / Maxence Piat Assistante régie / Nathalie Pronost Assistante régie / Rémy Chiarel Assistante régie / Romain Paulin Assistant régie / Séverine Neveu Assistante régie / Thor Holten Assistant régie / Yazid Hamzaoui Assistant régie / Sandrine Lacaze Assistante régie / Frédéric Dubost Assistant régie / Thomas Philip Assistant régie / Gwladys Theleme Assistante régie / Yann Lebrun Assistant régie / Bruno Dessolin Assistant régie / Béatrice Hervoche Assistante régie /// **DÉCORS.** Michel Blaise Chef décorateur / Michel Autheman Décorateur Françoise Pauzier Décoratrice Clément Bourne Décorateur Françoise Montenot Ensemblière Samia Al Kayar Assistante ensemblière Samantha Mugnier Assistante ensemblière / Marc Esclapez Régisseur d'extérieur / Franck Cadoret Régisseur d'extérieur / Jean-Louis Pujol Régisseur d'extérieur / Bruno Taddei Régisseur d'extérieur / Franck Mortier Régisseur d'extérieur / Muriel Gilabert Régisseuse d'extérieur / Ghislain Gabriel Régisseur d'extérieur / Jean-Marc Laurent Régisseur d'extérieur / Benjamin Moro Accessoiriste plateau / Hervé Schrub Accessoiriste plateau / Corinne Cosson-Girard Accessoiriste plateau / Hervé Simon Accessoiriste plateau / Éric Pierard Accessoiriste plateau / Bastien Poulet Accessoiriste plateau / Valérie Jacquemin Accessoiriste plateau / Xavier Petit Accessoiriste plateau / Norman Hell Accessoiriste plateau / Mathieu Cavaliere Accessoiriste plateau / Eddy Giannelli Chef constructeur / Philippe Ramousse Chef constructeur / Mathieu Didelot Constructeur / Pascal Roulland Constructeur Samuel Garcin Constructeur / Arlette Livet Constructrice / Pierre Lucciardi Constructeur / Gilles Chanteau Constructeur / Philippe Chedotel Constructeur / Matthieu Ronchi Constructeur / Raphaël Caron Constructeur / Rémy Tempia Constructeur / Aymerick Louis Constructeur / Laurent Codaccioni Constructeur / Bruno Didelot Constructeur / François Mallet Constructeur / Daniel Carrere Constructeur / Denis Oppetit Constructeur / Jean-Luc Fouvet Constructeur / Jean Amoros Constructeur / Christophe Brot Chef sculpteur / Julia Pastor Lloret Sculpteur / Juliette Barat Sculpteur / Laura Koubi Sculpteur / Dany Bousquet Chef peintre / Jérôme Mathieu Peintre / Florence Lagrange Peintre / Anthony Allemand Peintre / Marie-Hélène Martin Peintre / Ludovic Garcon Peintre / Renaud Eymony Peintre / Sylvie Criqui Peintre / Jeff Estermann Peintre / Christian Peter Peintre / Benjamin Louis Peintre / Dominique Arias Peintre / Dominique Sinibaldi Peintre / Marc Balbi Peintre / Annette Fastnacht Peintre / Pascale Halimi Peintre / Camille Czernick Peintre / Renaud Fructus Ripper / Cyril Barbe Ripper / Guillaume Richter Ripper / François Riou Ripper / David Prevost Ripper / Raphaël Dhers Ripper / Cédric Helaouet Ripper / Ninou Mathieu Ripper / Julien Astolfi Ripper / Philippe Bernabe Ripper /// **COSTUMES.** Véronique Bataille Chef costumière / Agnès Guidicelli Chef costumière / Anne Micolod Chef costumière / Marie Ladron de Guevara Chef costumière / Sophie Lifshitz Costumière / Catherine Eltchaninoff Costumière / Corinne Calandre Costumière / Camille Ballouhey Costumier / Isabelle Sanchez Costumière / Céline Collobert Habillage / Corinne Le Flem Habillage / Dinelle Mackowiak Habillage / Églantine Sabot Habillage / Framboise Dupin Habillage / Isabelle Moha Habillage / Isabelle Vita Habillage / Julia Padron Grosso Habillage / Marina Cossanteli Habillage / Marina Zuliani Habillage / Camille Bastien Habillage / Pascale Paoli Habillage / Souad Sedira Habillage / Taous Meghni Habillage / Virginie Charmet Habillage / Alda Maero Habillage / Émile Taillard Habillage / Emmanuelle Dauny Habillage / Ganaëlle Raymond Habillage / Nadia Bouacid Habillage / Nathalie Elbaz Habillage / Nathalie Onde Habillage /// **MAQUILLAGE.** Anne Bergamaschi Maquillage / Dominique Tallone Maquillage / Émilie Hua Maquillage / Estelle Jaillet Maquillage / Eva Hadjedj Maquillage / Heidi Baumberger Maquillage / Hélène Caamano Maquillage / Karine Avezard Maquillage / Karine Fra Maquillage / Laurence Yaeger Maquillage / Liliane Rametta Maquillage / Lisa Guenoun Maquillage / Marie-Pierre Perez Maquillage / Martine Allouche Maquillage / Muriel Saby Maquillage / Nadia Bouhou Maquillage / Sophie Allegatiere Maquillage / Sophie Avril Maquillage / Vicky Frerot Maquillage /// **COIFFURE.** Alain Luzy Coiffure / Alain Monges Coiffure / Alexandra Bredin Coiffure / Astrid Frantz Coiffure / Chantal Torres Coiffure / Christine Cardaropoli Coiffure / Corinne Logiacco Coiffure / Daniel Izot Coiffure / David Angot Coiffure / Delphine Cilia Coiffure / Emmanuel Colleau Coiffure / Esther Laloum Coiffure / Géraldine Lemaire Coiffure / Jérôme Mer Coiffure / Julie Chenin Coiffure / Karine Meyer Coiffure / Laurence Berodot Coiffure / Laurence Boulet Coiffure / Marc Fourmestraux Coiffure / Morgan Le Dreff Coiffure / Nathalie Champigny Coiffure / Nathalie Valade Coiffure / Raphaëlle Grandjean Coiffure / Stéphanie Colin Coiffure / Sylvie Leray Coiffure / Walli Diawara Coiffure /// **DIRECTEURS PHOTO.** Serge Dell'Amico Responsable lumière / Michel Mandero Directeur photo / Jacques Meynard Directeur photo / François Khunel Directeur photo / Hervé Maury Directeur photo / Jacques Morvant Directeur photo / Yvan Robert Chef électro / Laurent Cavasse Chef électro / Jean-Jacques Gallois Chef électro / Frédéric Menut Chef électro / Serge Chacon Chef électro / Philippe Malleck Chef électro / Gilles Vacar Chef électro / Bernard Sarda Chef électro / Éric Garzena Électro / Nicolas Robert Électro / Julien Lefort Électro / Philippe Leroy Électro / Michel Bouquerel Électro / Emmanuel Frideritzi Électro / Alain Payet Électro / André Laignel Électro / Daniel Monnier Électro / David Fabry Électro / Denis Sena Électro / Fabien Minard Électro / Florent Ginestet Électro / Frank Maumis Électro / Frédéric Matillon Électro / Guillaume Barbe Électro / Hervé Didier Électro / Ivan Fie Électro / Jean Vatopoulos Électro / Jean-Pierre Amar Électro / Jérôme Duval Électro / Laurent Manonviller Électro / Paul Darmon Électro / Sandrine Dugas Électro / Sylvain Dumaine Électro /// **CADREURS.** Christophe Soffietti Cadreur / Didier Chaulieu Cadreur / Didier Magnan Cadreur / Dominique Jouannest Cadreur / Éric Bleriot Cadreur / Frédéric Perlaux Cadreur / Jacques Lartillot Cadreur / Jean-Marie Rodriguez Cadreur / Michel Sylvestre Cadreur / Sorana Marignane Cadreur / Thierry Calbrix Cadreur / Vincent Martin Cadreur / Yves Brunet Cadreur /// **VIDÉO.** Reynald Claveyrolas Ingénieur vision / Alain Allio Ingénieur vision / Bernard de Celles Ingénieur vision / Éric Bleriot Ingénieur vision / Fabrice Varisot Ingénieur vision / Hervé Brocchi Ingénieur vision / Loïc Lebouteiller Ingénieur vision / Guillaume Fourneyron Steadycam / Guillaume Quoilin Steadycam / Jérôme Carles Steadycam / Lorenzo Donati Steadycam / Richard Mercier Steadycam / Stéphane Chollet Steadycam / Tancrède Pechon Steadycam / Thierry Thuillier Steadycam / William Sarxian Steadycam / Yvan Maniovski Steadycam / Antoine Sanguinetti Assistant steadycam / Emmanuel Gras Assistant steadycam / Frédéric Celly Assistant steadycam / Jean-Christophe Maestracci Assistant steadycam / Ludovic Tobaldi Assistant steadycam / Max Allibert Assistant steadycam / Pierre Dabin Assistant steadycam /// **MACHINERIE - PLATEAU.** Éric Jubault Chef machino / Alexi Benedetti Chef machino / Frédéric Alarçon Chef machino / Karim Oudina Chef machino / Marc Castagna Chef machino / Philippe Demedy Chef machino / Jérôme Pichou Chef machino / Laurent Solle Machino / Sébastien Lanique Machino / Yves Lemanceau Machino /// **SON - PLATEAU.** Christian Cazaubon Ingénieur son / Stéphane Belmudes Ingénieur son / Thierry Lavaill Ingénieur son / Bernard Ollivier Ingénieur son / Laurent Gueny Ingénieur son / Alain Prey Perchman / Loïc Deshoux Perchman / David Diouf Perchman / Bertran de Vals Perchman / Godefroy Giorgetti Perchman / Mathieu Salze Perchman / Sébastien Lebailly Perchman / Michel Kania Perchman / Olivier Vilette Perchman / Stéphane Alizier Perchman / Jean-Daniel Becache Perchman / Anne Garces Perchman / Pierre-Alain Mathieu Perchman / David Sicot Perchman / Nicolas Berger Perchman / Cyprien Vidal Perchman / Loïc Deshoux Perchman / Camille Barat Scripte son / Alexi Viola Scripte son / Clément Coletta Scripte son /// **TOURNAGE EN EXTÉRIEURS.** Jacques Hubinet Directeur / Bruno Rosanvallon Coordinateur / Guillaume Nestiri Assistant coordinateur / Christophe Durand Coordinateur / Andrick Damiron Coordinateur / François Pages Chef opérateur cadreur / Pierre Benzrihem Chef opérateur cadreur / Jean-Claude Duchene Chef opérateur cadreur / Jérôme Olivier Chef opérateur cadreur / Jean-François Devaux Cadreur extérieurs / Laurent Egoyan Cadreur extérieurs / Didier Leduc Cadreur extérieurs / Henri Renaudier Chef électro extérieurs / Patrick Allard Chef électro extérieurs / Jean-Pierre Amar Chef électro extérieurs / Laurent Tibessar Chef électro extérieurs / Guillaume Schmidt Chef machino extérieurs / Romain Gouillard Chef machino extérieurs / Hervé Ribatto Chef machino extérieurs / Nicolas Piechaczek Chef machino extérieurs / Nicolas Éon Chef machino extérieurs / Sébastien De Monchy Ingénieur son / Benoit Iwanesko Ingénieur son / Nicolas Favre Ingénieur son / Lionel Dousset Perchman / Guillaume Vallex Perchman / Pascal Blanc Perchman /// **POST-PRODUCTION.** Virginie Izard Responsable exploitation / Sébastien Pourcel Coordinateur artistique post-production / Maël Blot Assistant coordinateur artistique / Bertrand Brahic Étalonneur / Arnaud Sentenac Étalonneur / Ludovic Givelet Étalonneur / Benoît Michel Ingénieur son - Mixage / David Laurent Ingénieur son - Mixage / Nicolas Van-Deth Ingénieur son - Mixage / Pascal Hochenedel Ingénieur son - Mixage / Gaëlle Guillermin Monteuse / Rémy Dupont Monteur Nathalie Ruiz Monteuse / Parice Perez Monteur / Mathieu Doll Monteur / Christophe Canis Monteur / Fabien Boutron Monteur / Élisabeth Sacier Monteuse / Fabrice Lazardeux Monteur / Chrystelle Morin Monteuse / Patrice Freymond Monteur / Katy Vepierre Monteuse / Hélène Catuhe Monteuse / Benjamin Minet Monteur / Péroline Hafner Monteuse / Samuel Nicolas Monteur / Fred Lacroix Technicien d'exploitation / Antoine Houdayer Technicien d'exploitation / Carine Bobin Technicienne d'exploitation / Fred Moura Technicien d'exploitation / Florian Lalanne Technicien d'exploitation / Charlotte Soyez Assistante d'exploitation.

Le tigre bleu 146, bd de Charonne 75020 Paris
Telfrance Série 71, rue de la Victoire 75009 Paris

Crédits photographiques
Pour les photos de tournages et portraits comédiens : © François Lefebvre
Pour les photos de tournage p. 80-83 (Thomas) : © Alexandre Gléna
Pour les photos des décors : © Davy Lor, Renaud Lhardy, Mathieu Bollet

ISBN 978-2-916-28906-9
Diffusion France Volumen
Diffusion Belgique Interforum Benelux

Photogravure ATR 35
Achevé d'imprimer en octobre 2007 sur les presses de la Nouvelle Imprimerie Laballery 58500 Clamecy
Imprimé en France
Dépôt légal Octobre 2007
Numéro d'impression 709083

Telfrance série

le tigre bleu